山崎元の
最終講義

予想と希望を分割せよ

山崎 元
HAJIME YAMAZAKI

JN093131

PHP

まえがき

時間的な制約があるからといって不幸になるわけではない

「癌に罹《かか》っているとどうして分かりましたか？」という質問をよく受けます。簡単に言えば喉の調子が悪いな、と思っていたら食道癌だったという話です。２０２２年の8月に診断され10月に手術をしました。

ざっくばらんに言うと食道癌は2年以内に再発する人と再発しない人に分かれるそうですが、どうもはずれくじの方を引いたようです。２０２３年の春に再発していることが分かりました。

癌の進行を示すステージがありますが、最初はステージ3。食道癌は症状が出てから調べることが多いため、ある程度進行した状態で見つかりやすく「ステージ3あたりで病巣を取ればなんとか」と説明を受けましたが、あちこちに転移していて、今、ステージ4です。それを末期癌と言うのか分かりませんが「ここ半年大丈夫だ」と言う医者は一人もいません。医者もコンプライアンスがありますから、大学病院の医者などは発言に慎重です。

そうこう治療をしている中で「何カ月大丈夫ですか」と医者に訊ねるのは、「20年長期投資したら絶対儲かりますよね」と私に聞いてくる投資家に近いなあと思いました。経済評論家の立場からしたら「絶対大丈夫」なんて言えるはずがない。例えば株式投資にしても、20年国債よりもたいした利回りになるはずが無い。むしろ高値づかみがある分、利回りが下がってもおかしくない。内心「このバカ何を言うか」と思いますが、それと同じようなことを自分が聞いているのかもしれないと考えもしました。

癌で先があまりないかもしれませんが、1日1日、1回1回そのときは幸せです。時間の制約があるからといって不幸せではない。そこで、自分は今、何がうれしいのかを言語化しておくといいんじゃないかと思い、自分のモチベーションをキャッチフレーズ風に考えてみました。

「正しくて、できれば面白いことを、なるべくたくさんの人に伝えて、ちょっと感心されたい」

おそらく私のモチベーションは、ほぼそれだけです。せいぜいうんと格好つけて言えば「善意の愉快犯」でありたい。「こんなことに気づいてバラしちゃったぜ」「これ面白いでしょう」と伝えて、「山崎さんそれいいよ」と返ってくればそれで満足。自分は何に満足するかを考えてみると、案外具体的に行動の指針が集約できそうです。

癌になったから、という訳ではなく、常日頃自分にとって何がうれしいのかちょっと考えて言語化しておくと、メリットがあると思います。

だいたいの会社にはキャッチフレーズやミッションステートメント（社訓）があります。私も小さな会社を持っていましたが、「山崎さん、何かミッションステートメントはないんですか」と言われたときに、一番初めに考えたのは「親切・丁寧・安い」でした。これではちょっとありがたみがないなということで、自分は何がうれしいのかを考えたのですが、この時も案外簡単にまとまりました。

企業は利益の追求を存在目的にしてしまうと、今ひとつうまくいかない。建前でもいいから組織としての社会的な目的を持つ。あるいは、企業はメンバー同士がお互いを利用し合うものだから、その組織の目的をミッションとして持つ。

利益とは企業が成り立つ前提条件です。組織が組織として目的を大きく果たしていくための前提条件として、資本で評価すればいい。しかし資本が直接ミッションステートメントに首を突っ込むのではうまくない。

理念のない企業というのは、ダメでしょう。例えば自動車メーカーだったら「移動を快楽に」のような「それって本当？」みたいな言葉であっても、やはり何かのミッションステートメントが必要です。それを達成するために利益が前提条件となる。そういう整理をすればいいのだと思います。

癌に罹って残念だという気持ちはあります。

理由は、長く生きているといろいろ面白いものが見られるから。例えば私の子供はどう生きていくんだろうと思います。私は競馬が好きですが、種牡馬《しゅぼば》の子供がどういう風に走るかを通じて、種馬のキャラクターが分かることがあります。俺の子供はどうなるか、ちょっと知りたい。

経済の話で言うと、これも不謹慎なのかもしれないけれど、リーマン・ショックなんて傍《はた》から見ていて面白かった。日本のバブルの経験を整理して考えると、状況が悪くなっていく様子が手に取るように分かりましたが、リーマン・ショックの後はインフレになるかと思ったらデフレになった。続きが見られないというのは、ちょっと残念ではあります。

しかし、幸せになることと残念であることを分けて考えることもできる。また、客観的に予想を立てて、それに行動を最適化させていくのは、一種のゲームとしてはそんなに悪くない。

癌があちこちに転移しているわけだから、完治するというのはあまりリアリティがないけれど、「処置の方法はありません、緩和だけです」といった状態になってからも長々生きている人もいるし、それを諦める必要もない。

予想と希望を分けるのは、重要なことです。

一番下に高校2年生の娘がいるけれど「この子が大学に入るまでは絶対に生きていたい」というような希望が予想の中に混じると、予想が狂う。それは「株価が10%上がったら損を出さないで売れるんだけれど……」と願う投資家と同じことで、投資も「予想として今ある予見」と「希望としてどうしたいか」を分ける。

特に希望を予想に混ぜないということは大事だと思います。予想は予想、希望は希望。これをしっかり分けると、すっきりと物事が考えられる。

新NISAが始まっても投資の原則は変わらない

新NISAの話も少しだけしましょう。99%の投資信託がダメだという意見は変わりません。例えば日本株というカテゴリーで、どの投信の運用成績が良くなるかなんて、事前には評価できない。運用成績は各投信でほぼイコールだとすると、手数料が高い投信とそうではない投信があったときに、全体の成績が良かった場合は手数料の高い投信は期待値として儲けが劣る、悪かったときには損が大きいと論理的に言える。

金融業界の不都合な真実の一つだと思いますが、手数料を比べるだけで99%の商品は、はっきり言ってクズです。しかし運用会社には商品企画部などの部署があるため、クズとクズを組み合わせて新しいゴミを作るみたいなことを、仕事としてやらなきゃいけない。結果新しいゴミがどんどんどんどん増えていく。

金融の話にはいいところと悪いところがあります。前提条件をはっきりさせると、この商品を選ぶのと、あの商品を選ぶのでは、1年間でどれだけの優劣があるか。間違った方を選んだときの「愚かさの値段」がいくらなのかが明確に分かる。

一方で結論がはっきりしているから金融の話は分かりやすくて良かったなぁとも思いもしますが、あまりにもあけすけで分かりやす過ぎて、これで評論をやるには退屈だったという面もなくはないです。

NISA（少額投資非課税制度）の主な変更点

	2023年まで		2024年以降	
	つみたてNISA	一般NISA	つみたて投資枠	成長投資枠
併用の可否	併用不可		併用可	
年間非課税枠	40万円	120万円	120万円	240万円
非課税保有期間	20年間	5年間	無期限	
非課税保有限度額	800万円	600万円	1,800万円（生涯投資枠） ※投資対象商品を売却した場合、翌年以降再利用可能	上記限度額のうち1,200万円まで
投資対象商品	長期·積立·分散投資に適した一定の投資信託 ※金融庁の基準を満たした投資信託に限定	上場株式·投資信託など	長期の積立·分散投資に適した一定の投資信託 ※従来の「つみたてNISA」対象商品と同様	上場株式·投資信託など ※整理·監理銘柄、信託期間20年未満、毎月分配型の投資信託及びデリバティブ取引を用いた一定の投資信託を除く
対象年齢	18歳以上		18歳以上	

金融庁資料を基に作成

新ＮＩＳＡには、年１２０万円を上限として投資信託から商品を選ぶ「つみたて投資枠」と、年２４０万円を投資上限として株式や投資信託などから選ぶ「成長投資枠」があります。

現状を眺めると、つみたて投資枠と成長投資枠ではちがう商品を買うべきか悩む人も多く、「成長投資枠にはいろいろやりようがあります」などと、役に立たないアドバイスを受けやすい。ひどいところでは地銀の担当者に相談したら「成長投資枠ではつみたて投資枠と同じ商品は買えません」と言われた高齢者の話も聞こえてきました。

つみたて投資枠は長期投資に向いた商品から選ぶ、というよりも長期投資に向かない商品を除外して、セレクトした投資信託が対象ということになっています。

では、長期投資には向かないけれど、短期投資には適した成長投資枠用の投信や株式があるのか。マーケットのタイミングなんて誰も判断できません。30年持つにしても3年持つにしても、一番良さそうな投資商品を持って「俺は幸運だといいな」と祈るぐらいしか、できることはないわけです。

基本的に長期でダメなものは短期でもダメなのだから、つみたて投資枠で買えるものを成長投資枠でも買うだけ。一番無難なのはオルカンです。

今、１００万円の資産を運用するとして、オルカンを買うと６００円以下の金額で運用できるわけです。お金を増やすことが目的なのに、アクティブファンドを買って、１００万円につき1万円の信託報酬を払う行為が、どれほど無駄なのか。悔しくないのかと思います。

ひと言で言えばいいんです。

「ＮＩＳＡの運用みたいなつまらないことに時間を掛けて悩まないで、もっと人生を楽しんで下さい」

これが正しいアドバイスだと思います。

結局、運用の競争というのは平均を持って、じっとしているのが有利です。平均を持たないで極端な選択をする場合、ある株式から別の株式に変えるときに手数料を払わなきゃいけないから、ギャンブルで言うところのテラ銭を払うハメになります。

オルカン……「eMAXIS Slim 全世界株式（オール・カントリー）」の略称。23の先進国（地域）と24の新興国（地域）の株式に分散して投資を行うインデックスファンドの一つ。（編集部注）

平均を持っている人はそのままじっと持っていればいいので、先《ま》ずそこではっきり差がついてしまう。しかも一番平均運用に近いインデックスファンド（オルカン）の方が商品としての手数料も安いわけだから、ほとんど勝負にならない。

たとえ手数料が高くても上手く運用できる、平均より上手く運用できる確実な方法があるのだったら、もったいなくて他人になんか提供しないでしょう。

「我々にはそれができる」と言うファンドマネージャーはいますが、幸いにしてそれをコンスタントに続けられるほど、マーケットは単純なゲームに出来ていない。世の中の利益を吸い上げていく仕組みとして、株式投資・マーケットというものを使うと考えたときに、運用の手段としては平均にかけてじっとしておくというのが有利。そうなると世界の資金は結局グローバルに運用されているから、世界株が投資家の平均投資となる。

分散が利きにくくなったというのは困った問題で、年金運用の会議みたいなところに出席すると、日本株と外国株の相関係数がどんどん上がっているというデータが出てきます。

今、日本株が株式市場に占めるシェアは全世界の6％弱ぐらいしかありません。ほとんどローカルマーケットだと言っていい。アメリカで何か起きてアメリカ株が動けば、それと一緒に日本株も動く流れになる。アメリカ株と日本株を何対何に分けて……とベターな組み合わせがたまたま出来るかもしれないけれど、事前にその答えは分からない。

そうすると、1本にまとめて平均を持っている方が運用としてはシンプルだし、しかも手数料が安い。そういうものを勧めておくのが、アドバイスとしては親切・的確だと思います。

なお、積み立てという行為はゆっくりリスクを増やしていくことを意味します。一括で購入しようが、少しずつ投資をしようが、金額が増えた段階でのリスクは同じです。「積み立てだから」というのは気休めでしかありません。一定の額を運用したいなら、長期的にはこれでいいと思っているなら、サクッと買っちゃいましょう。後はお金が必要になるまでじっと持っていなさい。それが論理的には正解です。

ＮＩＳＡはそこでお金を運用しておくと、他で運用するよりも税金で得をしますという、有利なお金を置いておく器みたいなものです。この器に早く移すということですね。大きく使う。なるべく早く使う。

ただ、「例外があると言っとけ」とある読者に指摘されて、間違えましたと訂正した事例ですが、特定口座の中に買値よりも何百％もの含み益があるような株を持っているようなケースだと、それはＮＩＳＡに移さないで、そのまま含み運用した方が計算上得になる。

とはいえ一般的には大きく使え、早く使え、シンプルに使えということが、ほぼ正しい新ＮＩＳＡの方針になると思います。

さて、本書の企画時に「いかにも山崎元の資産運用本、といったものにはしない」と、編集者に強く伝えました。投資に対する私の見解が変わったわけでもないのに、手垢が付いたような内容で本を出してもしょうがない。

本書の位置づけは人生相談の本です。日々の暮らしの中にはお金の問題もあれば、仕事に苦悩することも、人付き合いに悩むこともあるでしょう。そこで長く記事を執筆している楽天証券の投資情報メディア「トウシル」を舞台に、読者から寄せられた疑問に回答したものがベースとなっています。

みなさんの悩みを解決する手助けとなって、「ちょっと感心」してもらえれば、何よりうれしく思います。

山崎　元

山崎元の最終講義　予想と希望を分割せよ　目次

第2章

今の仕事、会社を続けるべきか悩んでいます

第3章 『君たちはどう生きるか』という作品がありますが、本当にどうしましょう……

この書籍は「ReHacQ－リハック－」Youtube公式チャンネル（https://www.youtube.com/@rehacq）配信の動画および、楽天証券の投資情報メディア・トウシル（https://media.rakuten-sec.net）連載の「山崎元　読者の疑問にホンネで回答」「ホンネの投資教室」、ダイヤモンド・オンライン（https://diamond.jp）連載の「山崎元のマルチスコープ」で配信された内容を加筆・修正したものです。
また本書の内容は2023年12月31日時点の情報に基づいています。

ブックデザイン／Sparrow Design（尾形忍）

第
1
章

「入《い》るを量りて出《い》ずるを制す」なんて言うけれど……

Q 「がん保険」は本当に必要ありませんか？

がん保険は不要だというコラムをたびたび見ます。実際、山崎さんはどう思いますか？

A 不要です。

先ず、速攻で結論を述べます。民間生命保険会社の「がん保険」は不要です。自分が癌になってみても、結論は変わりません。このテーマでは、既に何度か、書いたり話したりしていますが、マネーリテラシー上重要な事例なので、要点と考え方を述べます。

私のケースの要点を説明しましょう。私は、がん保険に入っていませんでした。しかし、それで何の問題もありませんでした。

もちろん、がん保険に入っていれば、「結果的に」お金がもらえていくらか助かったでしょう。しかし、仮に筆者がもう一度人生をやり直すことができるとして、「意思決定の問題」として、がん保険に入るかというと、自信を持って「入らない」を選ぶでしょう。普通の日本人にとっては、それが正解です。人生を何度やり直しても、現行の制度や保険の性質がすっかり変わらない限り、答えは同じです。

さて、私が支払った医療費について要点を説明します。残念ながら、筆者の癌治療は現在も継続中ですが、切りのいいところで区切って数字をまとめてみます。

私は、2022年の8月に食道癌と診断が確定し、9月上旬から抗癌剤治療で2回入院し、その後10月下旬に手術を受けてその13日後に退院しました。手術を中心とする治療としては一区切りです。以下は、2022年分の医療費の領収書から計算した数字です。

この時点で、筆者が医療費として直接支払ったお金は約235万円でした。

但し、この中の約160万円は、入院1日当たり4万円のシャワー付きの個室を選んだ、いわば意図的な「贅沢」によるもので、治療のためにどうしても必要だった費用ではありません。他人に気を遣いたくなかったし、病院でも仕事をしたかったのです。

残る費用約75万円は、高額療養費制度の上限を適用しながら、主に大学病院が請求した金額を支払ったものです。高額療養費制度が適用される金額は、所得によって変化します。私はたまたま高めでしたが、平均的な所得のサラリーマンの場合、この半分くらいの支払いで済むはずです。制度は流動的なので、ネットで検索して調べてみて下さい。

私が仮に国民健康保険に加入するフリーランスであれば、この金額がおおよその「どうしても必要だった医療費」になるでしょう。大がかりな手術を伴う治療をしたにもかかわらず、たいした金額ではありません。保険診療だけで済ませると、こうした金額の負担になりますが、受けられる治療自体の質に差はありません。

そして後日、喜ばしいことがありました。私は2022年時点では東京証券業健康保険組合の加入者だったので、同組合が設定している、医療費1回（ひと月当たり1

人分）の支払いが2万円を超えた部分を健康保険組合が補塡してくれる制度が機能して、結局、筆者がどうしても支払わなければならなかった医療費は計算してみると、約14万円に過ぎなかったのです。

このような仕組みを多くの健康保険組合が備えています。会社員の読者の方は、健保組合のホームページで調べるなり、勤務先の総務部に聞いてみるなりしてみて下さい。毎月の医療費負担の上限を決めて、これを上回った額を補塡する条件が多いようです。

国民健康保険で高額療養費を適用した金額であっても、筆者が加入していた東証健保の場合の14万円であっても、たいていの人にとって貯金の一部取り崩しで十分に支払える額でしょう。

保険は泣く泣く利用するもの

もちろん、筆者が、がん保険に入っていれば、診断時に数十万円、入院1日当たり1万円などといった保険金が支払われて、それが助けになるのは間違いありませんが、これは、癌になってから分かる「事後」の問題です。

保険に加入するか否かの「事前の」意思決定の段階では、厳密には、自分が将来どのくらいの確率で癌に罹って、どのくらいの出費が生じるかを推測して、これと保険料の負担の得失を考えなければなりません。これは、複雑な計算で、私にできるとは思えませんが、詳しい数字は分からないとしても、諸々の確率その他を考えたときに、がん保険が「平均的に見て」加入者にとって大いに損で、保険会社にとって得な契約であることは計算しなくても分かります。

平均的加入者にとって保険が得なものなら、保険会社はつぶれてしまいます。保険会社が大いに栄えていることや、がん保険を高いコストを掛けて宣伝までして売ろうとしていることなどから見て、がん保険の加入自体は、加入者にとって相当に損で、保険会社にとって余裕を持って得なものであることは間違いありません。

生命保険会社は、がん保険も含めて、保険商品のコストの内訳を公開しておらず、これは消費者保護上大問題で、顧客のためにビジネスを行っているとは認められない信用のできない存在ですが、彼らが、自分たちが損をしないように余裕を持った確率の設定で保険商品を設計していることについては、十分信用してやっていいでしょう。

実際、保険の運営コストや、保険会社の利益を考えると、癌のように「2人に1人が癌になって、3人に1人が亡くなる」と言われるような日本で、がん保険が、普通のサラリーマンが払えるような低コストで、一人一人の加入者にとって満足なだけの保険金を払えるとは思えません。

保険は、損であることを知りつつも、必要に迫られた場合に、泣く泣く利用するのが正しい使い方です。

保険は、
①　めったに起こらないけれども、
②　起きたときの支払いが破滅的に大きくなるかもしれない事象
に対してのみ利用を検討していいもので、癌のようなよくある病気、老後の生活費、のような「ありふれたリスク」には不向きな仕組みなのです。

それでも、現実にがん保険が売れているのは、保険会社の営業担当者が一所懸命に売るからと（営業の力を侮ってはいけません！）、癌という心配な事態に対してがん保険に入ると、何となく対策を行った気持ちになって安心する「感情」が顧客の側にあるからでしょう。

しかし、がん保険に入ったからといって、癌に罹る確率が小さくなるわけではありません。

お金の問題は、感情で判断してはいけませんが、保険についてはとりわけそのことを強調しておきたいと思います。

がん保険の場合、確率を考えた、「事前」と「事後」の区別が大事で、意思決定はあくまでも「事前」の段階で行わねばなりません。他の問題も基本は同じです。この考え方ができない人は、おそらく、人生で何度もお金の意思決定で失敗する人でしょう。

宝くじの当選者の「クジは買わなければ当たりませんよ」という声を聞いて、自分も宝くじを買ってしまうのは、愚かな人でしょう。「がん保険に入っていて、助かりました」という癌体験者の話を聞いて、自分もがん保険に入るのは同質の愚かな行為です。

「山崎さん、人生をやり直すとして、若い頃でも、中年になってからでも、がん保険に入りますか？」と聞かれたら、「何度人生をやり直しても、がん保険には入りません」と即答します。今の制度が大きく変わらない限り、あるいはよほど特殊な予知能力があって自分の癌が予測できるのでない限り、読者にとっても結論は同じのはずです。

Q 交際費はどの程度使う？

現在52歳の自営業者の男です。外で友人とお酒を飲んで話をするのが大好きです。山崎さんもご病気をされる前はお酒をよく召し上がっていたと思いますが、1カ月に使う交際費としてはいくらぐらいが妥当だと思いますか？

A 比率ではなく、金額で考えましょう。

質問者は52歳ですか。美味しいものを食べられる味覚と体力があるでしょうし、お酒の味も分かる年齢かと拝察します。しかも、一緒に飲んで、話して楽しい友達がいる。「交際費」という概念整理が少し気になりますが、「比率」を気にしないで、大らかに飲んだらいいのではないかと回答者は思います。

私は、自分のお金に関心が薄く、記録や手掛かりになるデータはありませんが、質問者の年齢の頃は、実質的な可処分所得の３割くらいを飲んでいたのではないかと思います。

本業のような副業のような複数の仕事の収入と、自分の小さな会社を持っていたためこの会社の経費を使うことができたので、まあまあの収入がありましたが、一切合切を含めて、生活費や子供の学費などと並べた総支出額の３割です。これを多いと見るか、少ないと見るかは、見る人次第ですが、いかがでしょうか。私自身は、それで家計に無理がないのなら、４割でも良かったと思っています。

一人でも飲みましたし、仕事仲間、友人、後輩ともよく飲みました。大した額ではないけれども、一緒に飲む相手に奢るのも好きでした。率直に言って、細かく割り勘する人間を心の中で軽蔑していました。勘定は、お金があって、機嫌のいい人が払えばいい。何度か飲むうちに、自ずと負担のバランスが取れるような関係なら、さらに大変好ましい。自分で稼いだお金です。自分の「楽しむ能力」が十分あるうちに使うことに、何の遠慮も要りません。

交際費の代価は何か

「交際費」が気になると申し上げたのは、ビジネス的な見返りを意識した「飲み」がどれくらいあるかが問題だからです。見返りを意識した会食や飲み会は、もちろん結果として自分が楽しんでもいいのですが、周到に計画して手抜きをせずに実行する必要があります。実施のタイミングの問題もありますし、予算の管理も必要でしょう。

振り返ってみて、回答者の飲み代の見返りは何だったのでしょうか。

営業マインドの乏しい評論家である私には、直接的に自分のビジネスの利益になったような仕掛けの「飲み」があった記憶はありません。結果的に営業になっていた「飲み」は、むしろ相手方が用意してくれた酒席に機嫌良く顔を出して、大いにご馳走してもらったときばかりでした。奢られて楽しむ能力も大事です。

結局自分の支払いで得たものは、そのときの楽しみと共に、その後、健康だったら毎晩でも私と会って飲みたいと思う友達を調達できるような人間関係だけですが、これで不足があるとは思っていません。

ところで、個人のお金の問題に取り組む際に、「比率」で考えることが、しばしば適当ではないことが多いことに気づきます。個人の状況は、資産も負債も柔軟に変化します。例えば、投資の際のリスク資産の保有額も、「比率」よりも、「金額」を直接考える方が適切な意思決定ができます。

データから一般的に語られている比率を考えることよりも、その人の状況に合った行動の原則と、ポイントになる決定の具体的数字を求めることが大事です。

それでもつい「比率」で考える人が多いのは、自分でものを考えることのできない能力の低いアドバイザーがデータに頼りたがるからなのだろうと思っています。個々の人は「平均」ではないのに、困ったことです。

もっとも、とりあえず比率で、「手取り所得の20%くらい貯めていれば、老後の備えはまあまあではないですか」などと答えておくのは、楽な回答ではあるので、私もやることがあります。

さて、最後に一言だけ、元大酒飲みの仲間として付け加えておきます。

お酒は、決して憂さ晴らしのために飲まないで下さい。ヤケ酒を飲みたいときは、むしろお酒を遠ざけるくらいであるべきです。美味しく、機嫌良く飲むことが、絶対に大切です。お金の問題は、小さい、小さい！

Q

なぜ全世界株式に連動する積み立て投資を勧められるのですか？

インデックス積立投資について、山崎さんはオールカントリー（全世界株式）を推奨されていると思いますが、過去の検証ではリターンだけではなく、実はリスクの低さもS&P500（米国株式）の方が優れているという報告があります。

これについては、どのようにお考えでしょうか。

A

データの前で立ち止まるのは「愚図な人間」だからです。

ご質問にコンパクトにお答えしましょう。

ある銘柄の集合の部分集合を取ったときに、ある期間においてリターンが優れているることはよくあります。部分集合は銘柄数が減るので、リスクは低くならない場合が多かろうと思われますが、ある期間（例えば過去30年）を取ったときに、リターンが高くて同時にリスクが低い部分集合が見つかることはあり得ます。

世界株に対して、米国の大型株を代表するＳ＆Ｐ５００が過去にそのような部分集合であった可能性は十分あり得ます。

５００銘柄もあれば分散投資は十分ですし、一般に大型株は小型株よりもリターン変動がマイルドなので、米国の時価総額の大きな企業が好調だった過去30年間に、Ｓ＆Ｐ５００がそのような「好調な部分集合」だった可能性はデータ上大いにあり得ます。

データの解釈としては、それだけのことです。

さて、質問者に対して、私は何の悪意も意地悪な感情も持っていませんが、このご質問の潜在的な意図にある問題点は、根拠にも証明にもならないデータを取り出して立ち止まり、思考停止していることです。

運用は20年、30年の単位で考えているのだから、過去30年のデータなどせいぜい１

個分（N＝1）のデータに過ぎません。

私は、心の中でこっそりとですが、金融的な問題へのアプローチの仕方で人間を3種類に分類しています。

●特定の人や書籍などを「信じる」のは「クズな人間」
●データの前で立ち止まるのは「愚図な人間」
●論理で考えるのが「普通の人間」

実際、投資の上で重要な原則はほとんどが論理で考えて結論が出るものです。

講演やセミナーのパネル・ディスカッションのようなものに私が参加している場合、他のスピーカーが話しているときに退屈そうな顔やイライラした様子を見せてしまうことがあるのですが、理由の多くは無駄なデータについて語る「愚図な人間」の存在です。

例えば、ドルコスト平均法が「有利だ」と言えるものでないことは、機会費用とサンクコスト（埋没費用。既に支払っており回収できない費用——編集部注）の概念を知っていれば、秒殺と言わないまでも、分殺くらいで分かる話です。

なのに、例えば、リーマン・ショックを挟む期間のデータを持ってきて「ドルコスト平均法は安心です」と言ってみたり、ひどい場合には「平均買いコストが下がる」という話をいかにも優れた性質であるかのようにくどくど語る人がいたりします。「無駄な話に時間を使っている」と思って苛立ちます。

私を信じないでください

もう一つ例を挙げましょう。多分、「20年以上投資すると絶対損にならない」と言いたいのでしょうが、例えば過去60年の株価データから20年ずつ41個のデータを切り出して、「過去60年のデータでは41勝0敗です。20年の運用ならマイナスになることはないのではないか」などと言う人がいます。

データの計算はご苦労なことですが、運用期間20年に対して、データ期間60年には独立な20年間は3つしかありません。N＝3です。このデータは何の証明にもなりません。

それに、「20年後には投資元本を割らない」という条件が「絶対」なら、株式の期待リターンは20年国債の最終利回りと大きくちがうものにはならないはずです（現時点の株価がより高く形成されて期待リターンが下がります）。「損をする可能性」がどうしても付きまとうがゆえに、株式にはそれなりのリスクプレミアムが期待できるのだと考えるべきでしょう。これも、少し頭を使って考えたら分かりそうな話です。株式に「絶対」を求めるのは間違っています。

また、一般化できない個人の体験談（N＝1ですね）を長々語るのを聞いていて飽きるのもよくあることです。

投資家に言いたい。「たいていの問題はデータで結論など出ません。はじめから頭を使いましょう。脳ミソはそのためにあります」と。

因《ちな》みに、「○○さんを信じます」とか「××という本を信じます」といった「信じる」というアプローチは、特に投資の世界では禁物です。私も含めて個人は時に間違えるし、例えば『ウォール街のランダム・ウォーカー』のような有名な書籍にも間違いはあります。そもそも、自分が理解していないのに、また、自分の判断以外の何かを理由に、お金を動かしてはいけません。

「私は、山崎さんの意見を信じます」と声を掛けられたりすると、私も人の子なので内心少々うれしいのですが、ここは心を鬼にして正しいことを述べなくてはなりません。

「私を信じてお金を動かすのはやめて下さい！　迷惑です。私の意見を理解して、賛成して下さるならそれは歓迎します。投資はご自分で決めて下さいね」

最初の問いに戻ります。

投資対象が閉じた中での運用競争では、「平均」のポートフォリオを持ってじっとしていることが有利という「平均投資有利の原則」が存在します。

ここで、グローバルな投資家による世界の株式による運用競争を想定すると、米国株のみというアクティブ運用よりも、オールカントリーのような世界株に平均的に投資する「平均投資」に近いポートフォリオがいいのではないでしょうか。素朴に考えても、異なる国々を含む多様なビジネスに広く分散投資することが魅力的です。

Q 持ち家か賃貸か？

初めまして、山崎様。弁護士・公認会計士・ＦＰ１級のタックスローヤーです。全世界株式へのほったらかし投資など、共感し、実行させていただいているところが多いです。１点だけ考えが異なるのが、マイホームです。よくある賃貸・持ち家には、以下の議論が欠けており、実はお金がない人ほど、１００年持つ断熱気密、耐震性を備えた高性能住宅を購入した方がいいと考えております。

●設備投資の経済性計算のアプローチからすると、一生家賃より35年で終わる住宅ローンの方が、投資案として割引現在価値が高くなりやすい。

●賃貸だと、大家の利益、住宅ローンより高率な不動産ローンが割高な差額原価になる。

●賃貸仕様という言葉があるように、賃貸物件の性能は低い。

●帰属家賃は非課税であり、空室リスクもない。

●家を買うほどのカップルはある程度の収入・子はかすがい効果で離婚の確率は統計的に低い。
●住宅ローンが終わった家でこそ、年金でなんとか生活できるのであり、毎月の家賃は非常に厳しい。

A 持ち家と賃貸を比較する場合には、比較条件の整理が重要です。

持ち家・賃貸問題は、メディアが延々と取り上げ続けているテーマです。この議論の中では、そもそも持ち家派の方が数的に優位で、かつメディアの背後にいるスポンサーが「家を買わせたいサイド」である場合も多く、賃貸派の論客が不足しがちです。そのような経緯もあって、私は、ある意味では貴重な「賃貸派の人」として声が掛かることが多いようです。

さて、ご質問に対して、当初は、以下のように簡単に答えて済ませようかと思っていました。

「持ち家がいいか、賃貸がいいかは、第一義的には『家の値段』によるでしょうし、次には、当人のライフスタイルによるでしょう。

長期定住が予想できる場合は、大家の利益の分まで払わなくてもいいことを含めて、持ち家が多くの点で有利である場合が多いことを率直に認めたいと思います。

一方、私自身は、おそらく普通の人よりも何割か増しで『自由人』であることと、住居に対する拘りが小さいことから、賃貸暮らしが性に合っています」

この議論には、論者の好みや自己正当化の感情に加えて、人生観や見聞きしてきた経験の差などが反映していて、深入りすると面倒なので、これくらいで切り上げるのが賢いのかもしれません。

とはいえ、「その人の人生観による」とだけ答えるのでは、まるで、専門的な回答能力がないくせに、金融商品や生命保険などを売ろうとして相手の様子を見る小狡いマネー・アドバイザーのようで、回答の後味が良くありません。

比較の「考え方」を少々補足してみたいと思います。

読者が囲碁というゲームに馴染みがあればいいのですが、囲碁について考える際に「手割り」という考え方があります。例えば、黒と白が何手か打ち合って出来た形を評価する際に、既に「互角」と評価されている別の形と比較して、例えば黒が2手、白が2手加えて評価したい対象の形が出来ているとします。この発見が得られた場合、その追加の2手ずつを評価して形全体の評価を得ます。

例えば「共に互角の形に付け加えた、黒のAの手は価値ある手だけれども、Bの手は働きの乏しい一手の価値がない位置にある。これに対して、白が追加した2石は共に意味のある効率的な場所にあるので、この形は白が有利のはずである」といった結論を出します。

持ち家・賃貸問題も、損得を論じる場合も、このようなアプローチが有効なのではないでしょうか。

例えば、純粋に「持ち家」と「賃貸」の損得を比較する場合には、住む物件は同じである必要があろうかと思います。投資のパフォーマンス評価をする場合に「リンゴはオレンジとではなく、リンゴ同士で比較すべきだ」といった比喩で、適切なベンチマークとの比較が強調される事情と同じです。

さて、今、筆者の手元に、拙宅近所のマンションのリノベーションした一室の購入を勧めるパンフレットがあります。駅から至近の場所にあり、建物は古いのですが部屋はフルにリノベーションされていて、専有面積が60平米強の2LDKの物件です。同じ建物の、別のこの部屋よりも少しだけ広い2LDKの賃貸物件の家賃はネットで調べると管理費を合わせて24万円程度です。以下、計算を簡単にするために、25万円としておきましょう。年間300万円で住むことができると考えます。

仮に、年間家賃300万円のこの部屋を6000万円で買うことができるとしましょう。初期値を「6000万円の現金保有」とします。

「持ち家＝A」と「賃貸＝B」の当面の年間収支と財産価値を比較してみます。当面の年間収支だけで見ると、持ち家の価値の経年変化や相場変動、あるいは賃貸の場合の将来の家賃の変動などの要素を反映できませんが、これらは後から考えるとした暫定的比較です。

【初期値】現金6000万円
【A1】家賃支出↓0、純財産＝6000万円（全て持ち家）
【B1】家賃支出↓▲300万円＋銀行預金の利子ほぼゼロ、純財産＝6000万円（銀行預金）
【B2】家賃支出↓▲300万円＋投資収益300万円（税引き後5％のリターンを仮定）、純財産＝6000万円（例えばインデックスファンド）

B1はあえて作ってみたケースで（現実にありそうなケースでもありますが、低リスクとはいえ損でしょう）、比較する価値があるのは、A1とB2でしょう。共に住居費以外の生活費を賄うに十分以上の収入があれば、問題なく暮らすことができそうです。

ここで、「資産としての価値のリスク」が、「A１の持ち家」と「B２の投資」（例えばインデックスファンド）とで五分五分であれば、A１とB２は互角だと一応は評価できそうです。

大まかには、①不動産価格全般の方が株価よりは安定している、しかし、②持ち家には分散投資でリスク低減できない個別物件リスクがある、③持ち家だと将来の家賃変動リスクを気にしなくていい、④持ち家よりも投資の方が資産としての流動性が高い（部分的にも直ぐに換金できる）、といったプラス・マイナスの要素が考えられます。

ここまでの比較だと、互角ないし、何かと身軽な分B２が若干良く見えるかもしれません。

さて、加えて考える要素ですが、最大のものはローンではないでしょうか。以下のような比較を考えてみます。資産ゼロの人が６０００万円借りるとします。賃貸派はこの資金をインデックス投資に回すとします。

【初期値】資産ゼロ
【A2】家賃支出↓0、▲ローン金利a、純財産＝0（ローンと持ち家）
【B3】家賃支出↓▲300万円、▲ローン金利b、投資収益＝300万円、純財産＝0（ローンとインデックスファンド）

今回の比較は、ローン金利a＝ローン金利bならば、A1とB2が互角の評価なら、「互角」と判断できるでしょうが、通常は特に本人が住む住宅担保のローンは金利が低い。そして、そもそも使途が「インデックスファンドへの投資」ということではお金は借りにくいし、借りられても金利はかなり高いでしょう。

また、現下の情勢はなかなかに複雑で、住宅ローンに関する税制上の優遇措置を考えると、時には住宅ローンを借りた方が有利だと言える場合もあり、現実によくある住宅購入を考えると、持ち家派がぐっと有利になります。

仮に、億円単位の資産を持っている場合でも、同じ物件をキャッシュで買うのではなくて、住宅ローンを借りた方が有利だと言える場合があるかもしれません。

なお、億円単位の資産を持っていて数千万円の家を買う場合、資産のない人や少額な人と比べると、家という一つの資産にリスクが集中することの悪影響は幾分緩和されると考えることができるでしょう。

逆に経済力の乏しい人は資産が一不動産物件にだけ集中します。

また、現実世界は、投資理論が仮定するように自由にお金を貸し借りできる世界ではないし、制度上のあれこれや金融機関同士の苛烈なローン獲得競争を考えると、「住宅ローンには金融機関の儲けの分が含まれるので、キャッシュで買うよりも必ず損なはずだ」と損得を推定して決めつけることはできません（金融機関は金利以外の手数料で儲けるのかもしれませんが）。

一方、「大家の利益」や「空室リスク」については、持ち家の場合大家の利益相当分の家賃を支払い続けなくていいメリットが現実的に大きいように思えますが、一方、これは賃貸に回したときに妥当な条件で客が付くなら、そこから得られる利益を自分が住むことによって放棄しているということなので、その効果は案外大きくないかもしれません。もっとも、現実には貸して得られる利益額で、同等の物件を賃貸できるということはなく、何らかの差額は発生するでしょう。

また、「空室リスク」は職業にもよりますが、転勤や転職もあると考えると、当面自分が住むからといって将来の空室リスクはゼロではないのが実態です。もちろん、赤の他人が住む場合よりは先が読みやすいという要素はあります。

値段を前提にしない議論は無意味

あれやこれやを考えると、長期間定住できる見込みがあるなら、持ち家の方が経済的に有利ではないかと考えられる要素が多い印象を受けます。

加えて、質問者が指摘されているように、持ち家の場合は、自分の好みやライフスタイルに合わせて、部屋を改造したり、そもそも好みの家を建てたりできるので、この点のメリットも考える必要があります。

質問者の指摘されている日本の住宅の質の低さをカバーできる可能性がある点でも、「持ち家に利あり」という意見に傾きそうになります。

一方、住む場所が変わる可能性を考えると、賃貸の方が明らかに身軽です。転居で物件を売ることを考えると、売買の仲介手数料だけで６％も掛かりますし、買い手を探すのも手間と時間が掛かるし、希望価格から値下げしないと売れないかもしれません。この点、賃貸は直ぐに移ることができますし、費用も小さい。

私個人の感想を言うと、「１００年持つ住宅」は住み心地がいいのだろうと想像しますが、「数十年も同じ場所に住むのか」と思うと、少々気が遠くなるような感覚を覚えます（これは、たぶん私が普通の人よりも「自由重視」だからでしょう）。

因みに、私の３回前の引っ越しは、子供の学校の状況が良くなかったことが理由でした。クラスが荒れていて、子供が学校を嫌いになりそうでした。親の要望で学校の対応を改善できる可能性は乏しいと判断して、別の学区に急いで移りました。この引っ越しは、子育ての手段として文句なしに正解だったと思っています。引っ越しに至る理由は、仕事など自分の都合ばかりではありません。

さて、「互角」の条件に、一方をプラスしたり、マイナスしたりする議論を続けてきましたが、実は、たぶん最重要な要素が抜けています。それは、住宅の価格です。

筆者の手元にあるパンフレットを、もう一度見てみます。販売価格は、９９９８万円とあります。これをほぼ1億円と見ると、推定家賃収入の年間３００万円では、投資として３％の利回りにしかなりませんし、実際には、各種の経費や税金が掛かるので実質利回りはもっと下がります。パンフレットには、管理費月額1万９２１０円、修繕積立金月額1万７０９３円とあるので、最低限これだけの追加支出があることが分かります。

実際に購入する場合には、多少の割引があると推測しますが、それでも、この水準の価格では高すぎると「私は」強く思います。例えば、お金持ちの買い手にとっては、「1億円の使い方として、インデックスファンドを買って、その収益でこの物件と同等の賃貸住宅に住む」といった対案の方が遥かにいいように思えます。

因みに、パンフレットには、35年払いの例として、「頭金0円、月々25万４４３０円」とあります。住宅ローンを出すのは某メガバンクで金利は0・４７５％（変動金利）で、店頭金利よりも最大２％強低いのだそうです。

立地の利便性は最高で、おそらくリノベーションで綺麗に見える部屋なので、「毎月、家賃並みの返済額でお住まいになれます。しかも、家賃はいくら払っても、捨てるようなもので、家は自分のものにはなりませんが、ご購入いただいた場合ローンが終わると、このお部屋がお客様のものになります。お部屋がご自分のものになる支払いと、そうでない支払いとのどちらがいいでしょうか？」などとセールスマンに言われて契約してしまうお客さんがいるのではないかと想像すると、胸がドキドキします。

もちろん、私とは異なる「値段観」を持つ方がいて、別の結論を出してもいいわけですが、「持ち家がいいか、賃貸がいいかは主として家の値段により、値段を前提としない優劣評価は無意味な議論である」と結論したいと思います。

Q

「貧乏臭さ」はどうしたら治療できるか？

現在、生活防衛資金を除く大半を全世界株式に投資するインデックスファンドに投資するという投資戦略をとっています。幼児が2人いる30代後半の正社員共働き家族ですが、お金が必要なら躊躇なく解約という形で過去何度か一部解約も行っています。しかし、ここ最近は解約するぐらいなら必要ないとお金を使う方をやめる比率が大きくなってきました。

前置きが長くなってしまいましたが、ズバリ、お金持ちなのに貧乏臭くなってしまうのはどうすれば解決できるでしょうか？　山崎元さんが読まれたことがあるか分かりませんが、『DIE WITH ZERO』の内容が少し心に刺さる気がします。

A

金を貯めること、増やすことよりも、お金を使うことが楽しいのが正常でしょう。

貯めたり、増やしたりの方が楽しい、さらに進んで、そう思わないと不安だというのは、マルクスの用語で言うところの「貨幣の物神性」（おどろおどろしくて、素敵な訳語ですね）に取り憑かれてしまった残念な人間の状態でしょう。「治療」が必要な症状ではないでしょうか。

私は、ちょうど、ある本の解説文に「自分に自信のない、他人からの信用を持っていない人物ほど、貨幣を持ちたがる」という意地悪な文章を書いて編集部に送ったところでした。

さて、『DIE WITH ZERO　人生が豊かになりすぎる究極のルール』（ビル・パーキンス 著・児島修 訳／ダイヤモンド社）を早速読んでみました。以下のように理解し、概ね賛同しました。

①経験には、それを最も楽しむことができる年齢や機会があり、そのときにお金を

使うことが、人生を通じたお金の使い方の最適化につながる。

②高齢までお金を貯め込んでも、能力や立場的に十分楽しめない経験が人生にはある。楽しむ能力の高い若い頃（ピークは26歳〜35歳）につまらない小金を貯め込むな。

③「仕事が楽しい」を言いわけにするな。仕事をするのはいいとして、お金には使いどきがある。

全くその通りだと思います。著者の友人が借金してまで敢行したバックパック旅行などは、20代でなければ楽しめない貴重な経験だったでしょう。

但し、この本の著者（ヘッジファンドの運用者）と私とでは、そもそも経済的なスケールがちがいますが、その他に、「最適化」の趣味が少しちがいます。私は、「日常」が大事なので、日常がくすんで見えるようなコントラストを人生に求めていません。「特別な日」をできれば作りたくない。妙な趣味かもしれませんが、そう思いながら人生の最適化に取り組んでいます（「最適化」という発想法には職業柄私も大いに馴染みがあります）。

使うなら「気分のいい無駄遣い」

さて、質問者に「気分のいい無駄遣い」をお勧めしなければなりません。

もともと私は、ナチュラルにやや浪費家で（母の血の影響でしょう）、同時に「自分のお金」に対する関心が薄い性格です（自分が今いくら持っているのか、正確には知りません）。

放っておいても「吸った息を吐くように」お金は出ていくのですが、さりとて借金をするほど抑えがたい支出欲があるわけでもありません。「吸った息以上には吐かない」。こんな感じの中途半端な消費者として、気持ちのいい支出を2種類提案します。

体験に基づく私のお勧めは、一つには「気分のいい高級品」の購入と、もう一つは「少しずつグレードを上げる支出の楽しみ」です。

ちょうど、20年前のことです。腕時計が欲しくなりました。私のようなファッション・センスのない男性はアクセサリー的なものを楽しむことは難しい。ピアスもネックレスも無理です。では、指輪は？　私は伝書鳩ではないので嫌です。

しかし、機械式の腕時計ならばいいのではないかと思ったときに、時計に対して猛烈な物欲が湧きました。

いい時計を所有するからには、自分の価値観に合っていて、他人へのメッセージとしても悪くない時計が欲しい。条件は以下のようなものでした。

●メカは正確な方がいい。
●「特別な日」を作りたくない価値観としては毎日使えるものがいい。
●誰が見ても分かるロレックスみたいなものではない方がいい。
●めったに使わないのに値段だけ高くつく複雑機能はない方がむしろ好ましい。
●目立つ宝石のようなものはない方がいい。
●シンプルで文句なく高級だと言えるものはないか。

時計を解説した新書本や雑誌を含めて何冊か読んで調べました。好ましいと思ったブランドは、1番がパテック フィリップで、2番がブレゲでした（ブレゲには今でもときどき心が動きます）。

結局、パテックのシンプルな時計を相次いで3本買いました。当時、数百万円の出費です。それから1年間ぐらい、正直なところ、「無駄遣いをしたかなあ」と少々後悔しました。

3本も要るのか？　という疑問はもっともなのですが、当時はある種の勢いがついていたし、用途別の使い分けは結果的に大変うまくいきました（1本は後に友達にあげて喜ばれました。これも立派な用途です）。

それから20年経ちましたが、毎日甘やかさずに使っていて、傷などもそれなりに出来ていますが、今でも「うん、いい物を買った」と思えて密かに満足です。中古品を扱う時計屋さんに売ると、どうやらかつての買値の2倍以上で売れるようなのですが、売ろうという気持ちはありません。

長く使える高級品を気合いを入れて選んで買ってみる行為は、ショッピングを気分のいいものとして定着させる上で効果的ではないかと思います。

当時はまだアップルウォッチが世になかったので、機械式の腕時計が私にとってちょうどいいアイテムでした。

スマホやPCやカメラや自動車は、愛用するとしても時間の経過と共に型が古くなるし、不動産を買うとなると大事だし、当時の私には腕時計がちょうど良かったのだと思います。

ただ、一つだけ残る論点は、私はたぶん無意識のうちに自分の経済力に合わせてカメラや腕時計あたりを対象とする物欲で人生を過ごしてきましたが、自分の物欲対象が、高級車だったり、不動産だったり、美術品の蒐集だったりしたら、もっと稼ぐべく努力したのではないかと思うことがあります。

どうなのだろうか？

少しずつ自分が成長できる無駄遣いの楽しさ

もう一つの無駄遣いのお勧めは、その物の良さが少しずつ分かるような対象に少しずつお金を流し込んでいくような消費です。

質問者はお酒は好きですか？　例えば、ワインはいかがでしょうか。

仮に、ピノ・ノワールの赤ワインが気に入ったとして、１本何十万円もするようなワインを予備的な経験なしにいきなり飲んでも、「美味しいな」とは思っても、どう美味しいか言葉にできなくて残念なのではないでしょうか。

「俺は、○○年物の×××を飲んだことがある」と唐突に経験だけを誇ると、悪くすると単なる成金趣味だと思われる可能性さえあります。しかし、秘密にしておくのも卑屈で嫌です。ワインは気持ち良く飲んで、正直に語りたい。

この種のものは、少しずつステップを踏むように対象のグレードを上げていくのが楽しい。お金だけではなくて、時間と手間が必要なところにも良さがあります。安いものには安いなりに、美味しさ、ありがたさがあるし、何よりも同じくらいのグレードのものの中で個性や美味しさにちがいがある。先ずは、ここを十分に楽しみたい。普通は、たくさん飲んでいるうちにちがいが分かってくるし、ある程度飲まないと「差」は分からない。

ちがいが分かってきたなと思ったら、「少し」値段を上げて「もう少し良さそうなもの」を試してみる頃合いです。多少のバラツキはありますが、平均的に見て値段は裏切らない。

ピノ・ノワールだと、カリフォルニアにもニュージーランドにも美味しいものがあり、（特に後者は）「コスパ」が素晴らしかったりもするので、好みが合えばそちらを攻めてもいいと思いますが、普通は、割高ではありますがブルゴーニュのワインに惹かれるのではないかと思います。

これを、単にブルゴーニュ産というところから（それだけだと他地域に対して単に割高だと普通は思うでしょうが）、先ずは醸造年によって差があることを前提として確認しつつ、次にはブルゴーニュの地域別、その次には地域内の村別、さらに個性のある村のブドウを使って生産者ごとにどのようなワインを造るのか、といった調子で少しずつ対象を絞り込んでいくと楽しさが深まります。

1本当たりの値段は徐々に上がっていきますが、値段が上がると、味が良くなることを確認できると、「値段には相応の価値がある」と消費のありがたみが生理的なレベルで「実感」できるのがいいところです。

私は、3年くらい前から昨年にかけて、頻繁にブルゴーニュのワインを飲んで、村のちがいのあたりまで入りかけて（この辺だと、酒販店で1本1万数千円くらいからです）、「なるほど楽しいものだけれども、お金が掛かるなあ」と思っていたら、病気のせいでドクター・ストップが掛かりました。

残念な気持ちが8割5分、ほっとしたのが1割5分でした。

ワイン以外にシングルモルトを中心にウィスキーでも同様なことができますし、その他のお酒や、食べ物でも、「じわじわと、いいものを！」という消費は可能です。

因みに、私は、ワインよりもウィスキーの方が付き合いが長くてより詳しいのですが、ウィスキーは能書きを言うために必要な知識量がワインよりは一桁少ないし、保存や管理が楽なので趣味にしやすい。しかし、その分ついコレクションしてしまいそうになるし、「差」を味わって飲み比べるためにはかなりの飲酒体力が必要です。

日常的に付き合えて、じわじわとよりいいものに引きずり込まれる感じは、ワインに底力を感じます。元気になったら続きをやってみたいと思うのですが、しばらく間が空くとまた基礎から飲み直す必要がありそうです。それはそれでまたコスパが良くていいのかもしれません。

一点豪華主義的な品物の購入や、じわじわとよりいいものに引きずり込まれる消費を例に挙げましたが、「お金を使うことは楽しい！」。これは間違いないし、そう思うのでないと困るし、寂しい。

気持ち良く「奢らせてくれる」友人でもいれば、飲食に誘って、大いに楽しんでもらって、「ああ、お金を使うのはいいことだなあ！」と思うのが、最も手っ取り早いような気がしますが、「お金を使う楽しみ」を大いに味わって下さい。人生がより明るく感じられるはずです。

ご質問の回答を書いてみて、「お金の増やし方の話」を書くよりもずっと楽しいと思ったことを付記しておきます。

コラム

岸田首相の「メガネ」は何を見間違えているのか？

岸田文雄首相の内閣支持率が低下している。各所の調査で下落が目立つが、分かりやすいのは２０２３年10月27～29日にかけて行われた日本経済新聞社とテレビ東京による調査だろう。支持率は33％と岸田内閣が発足して以来最低となり、不支持率は59％にも及んだ。調査の対象日は岸田首相が減税案を打ち出してからのものであり、不支持の主な理由は「政策が悪い」（52％）である。

どうやら、彼が独自に打ち出すことにこだわった減税案が不評であるらしい。物価高対策としての所得税減税が「不適切」とする意見が65％にも上っている。

一方、日経新聞の同調査で、上ブレした税収の使い道について聞いたところ、「減税」が35％で最も多く、「防衛や少子化対策など政策の財源」が26％、「国の債務の返済」が20％、「給付金」が14％と続いたという。減税と給付金を合わせると

49％になり、現金を国民に渡すことに関しては一定の支持があり、少なくとも一致した強い反対があるわけではない。

首相は何を読み違えているのだろうか？

岸田案は、所得税3万円、住民税1万円の減税を骨子として、期間は1年、低所得者には増額した給付金を組み合わせる、などとしたものだ。

あれこれ配慮したとも言えるし、いささか複雑だとも言える。仮にこの方針でいくとした場合、今後の検討・議論・国会審議では、相当に複雑な話になりそうだ。

率直に言って、この案は、誰か悪意のある人がアドバイスしたのではないかと思うくらい多方面にダメなのだが、何が最もダメなのか。

一番ダメなのは、ずばり「期間1年」である。

一時限りの減税に透けて見える幼稚なこだわり

国民が求めているのは「物価高への対策としての生活支援」だ。税収の上ブレ部分の利用方法として、日経新聞の調査では「減税」を求めているが、これは一度限りではなく、将来も続く継続的なものであるべきだ。上がった物価は将来も継続するのだし、その後も上がる可能性がある。経済対策は、これに対応するものでなければ、生活の支援として有効な、安心のできるものではない。

そこを期間について1年と区切ってしまうと、単に税収の上ブレ分を一時的に返して人気取りをしようとしているとしか見えない。

手元の現金が増えるのが一度きりだと分かっていると、今後が不安だから安心して使えない。コロナ対策で支給された現金は、期待された消費と景気の浮揚効果がほとんどなかった。あのときの教訓を思い出すべきだ。人は安定的に将来の所得が増えると予想できると、その予想に応じて消費支出を増やす。

「将来また、必要があれば対策を考える」というのでは安心もできないし、信用もできない。「当面必要な間は減税するが、将来不要になれば対策は打ち切るかもしれない」というなら、どれだけ信用するかはともかくとして、話としてはリーズナブルなので、支持してもいいと考える向きが増えるのではないか。

「1年限り」とした段階で、「どうせ将来の増税で取り返すのだろう」と底意を見透かされている。

将来の経済環境にもよると多少は信じたいが、防衛費や少子化対策については、増税による財源が必要だと目されていて、岸田首相はその可能性を決して否定しない。仮にこうした増税を用意しているなら、今回の税収の上ブレ部分を手間とコストを掛けて配ったりせずに、これらの費用に充てる方がマトモだと見ている国民が、日経新聞の調査では相当数いる。これも当然の感覚だろう。

また、1回限りなら、減税よりも給付金の方が制度設計をシンプルにできる。行政に掛かるコストも安く済むはずだ。

これを、「形は減税にしたい」というのだから性が悪い。はっきり言って「増税メガネ」というあだ名を気にした岸田首相の幼稚なこだわりのせいなのではないかと思える。

しかも、所得税と住民税とに分け、さらに低所得者には給付金を配るなど、たかだかこの程度の金額のメリット配布に対して、行政側で関わる人を増やしすぎだ。これは、もちろんコスト高にもつながる。

この辺まで考えてみると、岸田首相にこの政策をアドバイスした人物は、何か悪意があってあえて愚案をアドバイスしたのではないかと勘ぐりたくなる。

また、所得税の減税という選択も政治的センスが良くない。制度設計や手続きが複雑であり、しかも一時限りなのだから、効果に注意が向きにくい。

減税の対象を消費税にして「必要性が認められなくなるまで続ける」とするなら、実は家計に対する効果が表れるのはゆっくりなのだが、減税実施の初日から買い物の際の価格が下がったと実感できる。

生活者にとって、「岸田さんが、物価対策のために消費税を下げてくれた」と納得しやすい。

これだけ多面的かつ総合的にダメな政策で、名だけ「減税」を強調する一方で、ごく近い将来の増税をちらつかせているのだから、支持率が下がるのは当然だ。

推測するに、財務省は、そもそも税収の還元などしたくないのだろう。ごく近い将来に増税するなら、もっともだ。加えて、何よりも将来に及ぶ恒久的な形での増税を実現させて、税収の拡大と安定を図りたいのだろう。

タイミングの判断が重要であることが前提だが、長期的に税収の安定を図ること自体は悪くない。

繰り返される中身の無いキャッチフレーズ

増税するのは「ごく近い将来」ではない方がいいと筆者は思うが、将来増税が必要だとしよう。しかし、岸田首相に今回のような誰が見てもあまりにダメな経済対策を振りつけていると、岸田内閣下の税制や関係者に対する信頼感が低下してしまう。岸田内閣は短命だと既に見切っているのかもしれないが、あまりに無様なことはさせない方がいいのではないかと、一言忠告したい。

さて、岸田首相自身が増税を指向しているのだとしよう。歳出の合理化を行わない、あるいは経済政策として適切なタイミングを考えない増税には賛成しかねるが、それ自体は、政治家としての信念や意見として尊重してもいい。

しかし、国会の代表質問でも首相の資質が問われているが、今回のダメな減税案に加えて、岸田氏を首相の器ではないと見切っていい理由が他にもあるように思われる。

一つは、結局世間を騒がせただけで、適切な人事であったことは何一つ証明されずに本人の辞任に至った、長男の首相秘書官（政務担当）への起用だ。地位を与えて、息子を育てようと思ったのかもしれないが、身内に対して甘すぎる。

こうしたことを行う人物は、物事をそれ自体の論理や大義によってではなく、人間関係やそのときの感情に影響されて判断するので信用できない。首相の立場にはいない方がいい。

もう一つは、本人が中身を語ることができないまま、キャッチフレーズを振り回して、中身を考えるための有識者会議を作った「新しい資本主義」を巡るぐずぐず具合だ。この様子を見て筆者は、岸田氏が自分でものを考えていない人物であることを確信した。

それを「いい」とおだてる側近のレベルも低いのだろうが、「聞く力」「異次元の少子化対策」など、中身のない見出しの言葉を発して得意になる様も見苦しい。今回の「減税」へのこだわりも、何ともくだらない。

全くその器ではない岸田氏が首相にとどまっている理由は、野党に全くパワーがないことの他に、自由民主党内でのけん制の均衡が出来上がっているからだろう。誰かが、「岸田氏に総裁・首相は任せられない。私が総裁になる」と手を挙げた瞬間に、ライバルたちがつぶしに来ると期待されるような、抑止力が働いている。

しかし、このつまらない均衡は崩すことができるはずだ。

例えば、今回の減税案は政策としてダメなことが誰の目にもはっきりしている。閣僚の中にも、「ばかばかしい」と思う人物は少なくあるまい。閣議決定の際に批判を唱えて、閣僚を辞任してしまうといい。国民は大いに支持するだろう。

そこで、閣僚からも閣僚以外からも、もう2〜3人が批判の声を上げたら、政局は一気に流動化するのではないか。岸田内閣の退陣と、自民党総裁選挙の前倒しを求める声が大きくなることが期待できるのではないだろうか。

第2次安倍政権があまりに無風であったせいか、自民党内の政治的活力がひどく低下している。しかし、岸田政権を長続きさせることがいいとはとても思えない。

コラム

日経平均株価の「戻り高値」に学ぶ教訓

２０２３年11月20日の日中、いわゆる「ザラ場」の東京証券取引所の取引で、日経平均株価が33年ぶりの高水準まで上昇した。７月３日に付けた終値での戻り高値（バブル崩壊後高値）を一時上回る、３万３８５３円を付けた。33年間にわたってすっきりと「史上最高値」と言えないのは、わが国がかつて経験したバブルの威力と、その後の異例の経済停滞による泣き所だが、高値の一種には違いない。

もちろん人によって感じ方は違うだろうが、今回の高値には意外感を持つ向きが多いのではないか。

その少し前、10月の終わりの４取引日にあっては、日経平均の終値はいずれも３万１０００円を割っていて、３万円を維持できないのではないかと心配になるような状況だった。

それが、３週間のうちにざっと１割上昇して「戻り高値」なのである。この間、米連邦準備制度理事会（ＦＲＢ）が今後にも利上げの可能性があると意外にタカ派的な示唆をしたり、逆に米国のインフレ関連のデータが落ち着きを見せたりといった、いつもあるようなニュースはあった。ところが、日本の株価に影響を与えるような大きなニュースがあったわけではない。

大きな株価変動は後から理由が分かる

意外ではあっても、株価の動きに理由はある。予測は難しいけれども、後からの説明はできるのが相場業界の強いところである。

今回、大変良い説明を提供している、日本経済新聞の篠崎健太・吉井花依両記者の記事「日経平均、一時33年ぶり高値　マネー再び日本株へ」（『日本経済新聞』２０２３年11月20日電子版）を参考にさせてもらいながら、要因を整理しておこう。

今や、新聞記事のスクラップを行う人は激減しているだろうが、筆者が思うに、この記事はスクラップして、しばらく手元に置いておく価値がある。特に、今後しばらくして株価が低迷するようであれば、読み返してみて「戻り」の要因を再確認するのだ。

さて、株価の説明のためには、企業の業績から見るのがオーソドックスだ。記事はまず、日本の小売企業がコスト増を吸収する値上げを実現できたことと、外需企業の業績が上方修正ラッシュであり、「日本企業のファンダメンタルズの堅調さが確認できた」というヘッジファンドマネージャーの意見を紹介している。

小売価格の上昇は、少し気を付けて街を歩いて生活していたら気が付くだろうし、業績修正はインターネットか新聞でチェックしていれば、投資家なら気付いているはずだ。円安の効果は大きい。ただし、これらは11月に入って3週間の間に目立って生じたものではない。

なお、この後に「日経平均は年内に3万5000円まで上昇余地がある」とするファンドマネージャーの見解が紹介されているが、この部分に情報は含まれていない。「余地」はあるし、勢いはあってもおかしくはない。答える側も記事を書いている人も、いずれも大した意味を感じていないはずだ。

ただ、これに続く、日本株の上昇要因には株価収益率（ＰＥＲ）の拡大に表れた投資家の期待だけではなく、増益の寄与度が欧米を上回っていることが指摘できるとの分析は、記憶にとどめる価値がある。

ある程度の大きさの株価変動を説明できる要因は、後から探すとたいてい見つかるものなのだ。

株価を決める海外勢

記事には「相場を押し上げている主体は海外投資家だ」とある。記者はそう思ったのだろうし、多くの市場関係者がそう感じていたはずだ。もちろん、筆者もそう思った。

日本取引所グループによると、２０２３年８〜９月は現物株を２・４兆円売り越していた海外勢が、10月以降に1・1兆円買い越しているという。市場関係者が注目する主体別売買動向の数字だが、よく考えてみると、海外勢の売り越し・買い越しに対して、国内勢の別の主体が同金額の売買の相手になっているはずだ。なぜ、海外勢の売買の方が株価への影響力があるのだろうか。

直接的・直感的には、海外勢の買い方・売り方が、前者では上値を払い、後者では下値をたたくような、マーケットインパクトに対して積極的なものであることが原因だ。加えて、背後にある大きな資金主体のグローバルな株式投資のリバランスの意図が、売買によって示唆されるような情報上のインパクトがあるのかもしれない。

ただ、原因のいかんにかかわらず、日本の株価は海外の投資家の行動によって大きく影響を受けて形成されている。そして、変動要因の多くは海外にあり、日本市場は一つのローカルマーケットにすぎないという点は常に留意しておく価値がある。

それで別段卑下する必要はないが、趣味として株式投資をするレベルではなく、資産形成のために株式運用を行う多くの投資家にとって、日本株は「世界株の中の（愛すべき）一部」だと割り切って、分散投資の一部に取り入れたら十分なのではないかと考えられるゆえんだ。

さて、日経の記事は、さらに親切に、アベノミクス以降の日本株の利益を指数化して、米国、欧州と比べたグラフを掲げてくれている。この間、日本株の利益成長は両地域の株式を大きく上回っている。

日本株の投資家にとっては心強いデータだ。アベノミクスの株式市場に対する好影響が確認できることもよいことだ。政策パッケージとして不足はあったかもしれないが、株価を下げる政策よりも良かったことは間違いあるまい。

さて、こうして戻り高値の要因を振り返ってみたが、海外勢の売買と、その背後にある海外の株価形成要因を除くと、いずれも、日経平均3万円割れ寸前から約1割高い戻り高値が形成された3週間の中の変化ではないことが分かる。

より正確には、この3週間の変化の中に将来の株価説明要因になるような大きな変化を「示唆」する情報はあったのかもしれないが、それはデータで確認できるようなものではなかった。

根拠のない売買がもたらすものは手数料損失と精神的疲労

さて、一連の株価の動きを見て、日本の投資家の行動と心理を推測する。

最もまずいのは、この間に「3万円割れは確実だ」「もっと株価が下がったところで買い直したらいい」などと自分に言い聞かせて、怖くなって持ち株を売ってしまった投資家だろう。仮に、日経平均3万1000円の水準で持ち株を売ったとすると、現水準までに、あるいは現在の水準で株式を買い直すことは心理的に相当ハードルが高そうだ。

次にまずそうなのは、株式の買いチャンスをうかがっており、「3万円を割れたら買おう」と思っていて、買いそびれているうちに買いのタイミングを失した投資家だろうか。今後、株式投資のポジションを作るのが大幅に遅れるかもしれないし、さらに高値が形成されたときに多額にまとめて投資することになるのかもしれない。

今回の展開を見て、「定期的な定額積立投資だったら、安値でも買えていたはずだ」などという結果論を言うつもりはない。

投資家に確認してほしいのは、この3週間の変動の間に、投資方針を変えた方がいいと言えたような根拠となる情報要因がほぼ何もなかったことだ。

根拠がないのに売買を行うと、掛かるのは手数料であり、マーケットインパクトであり、ついでに余計な精神的疲労だ。その状態を、「面倒だったし、徒労だった」と振り返ることができずに、売買が一種の気晴らしになるような心境に陥っているのだとすると、さらにまずい。

合理的な投資家にできることは、余計な売買をせずに自分にとって必要な大きさの投資を維持してじっとしている真の「長期投資」と、これと両立する「分散投資」「低コスト」のポートフォリオの保有である。さらには、自分が合理的であるとの自信を持って精神的なストレスを減らすことだ。

この点を確認するに当たって、今回の一連の株価の動きは、極めて分かりやすい教材であった。

第2章

今の仕事、会社を続けるべきか悩んでいます

Q FIREに難色を示されるのはなぜでしょうか?

ＦＩＲＥ（早期リタイア・経済的自立）したいという人々に対して、なかなか難色（理解が難しい）を示されていましたが、逆になんでそんなに働き続けたいのでしょうか?

A 守銭奴型のFIREでは人生がつまらないからです。

私が特に「難色」というか疑問を呈したいと思っているのは、相当の期間消費を抑えて投資を増やして資産形成に注力して、中年期以降に金融資産残高による安心を図ろうとするようなタイプのＦＩＲＥ指向者です。

若い頃にストックオプションででも稼いで、一生お金の心配はないといった状態で

ＦＩＲＥを宣言するような爽やかで、本当にアーリー（Ｅ）なリタイアをする人がいれば見事なものだと感心してもいいのですが、こういった人はビジネスに関わることが好きなので、あまり早期のリタイアを宣言しません。

サラリーマンで例えば収入の半分近くを投資に回すと、十数年で「金融資産の運用益で生活費が賄える」といったレベルの「小さなＦＩＲＥ」を作ることができるでしょう。

しかし、こうしたケースでは生活費のスケールが小さいし、50歳近くになってからＦＩＲＥだと言われても、もう既にアーリーとは言えない。この種のＦＩＲＥ指向を、私は「守銭奴型ＦＩＲＥ」と呼んでいますが、このタイプは人生がつまらなく見えます。

20代、30代、40代のいずれの時期であっても、人生の大事な時期に、自分が稼いだお金を自分の人生のために大らかに使えない状態は、人生前半がファイナンシャルに制約されているという意味で、ＦＩＲＥが本来目指すところにむしろ反するのではないかとも思っています。最終的には程度の問題ですが、人生がお金の制約から解放されていない。

どのくらい働きたいかは、人によるし、仕事にもよるのではないでしょうか。

ただ、年齢に関係なく面白くて張り合いがあると思えない仕事に関わるのは辛い。一般論として、（多少は）面白いと思える仕事で稼げる状態を得るには、個々の人なりに何らかの工夫が必要です。

ぼんやりと組織に属していて、他の人でも代わりが利く仕事だけしているのでは、無理かもしれません。これは本人に「工夫」がないのだから、仕方がありません。

高齢期に関しては、いくつになっても人との関わりは持っていたいし、それが締め切りと報酬を伴う「仕事」である方が張り合いがあると思う人は少なくないのではないかと推測しますが、いかがでしょうか。

もちろん、お金とは関係なく人と関わる世界を持っているというのでもいいでしょう。

Q

45歳、未婚、高卒非正規雇用に求められる人生プランは何でしょうか?

A

45歳という良いタイミングで問題意識をお持ちになりました。先ずは、この点に満足し、今後を考えましょう。

45歳は、今後の人生プランを考えるに当たっていいタイミングです。多くの人にとって、大まかに60歳以降をどう生きるかという「セカンドキャリア」について考え始めるべきタイミングだからです。因みに、回答者がセカンドキャリアについて真剣に考えたのは42歳のときでした。このときに考えて、行動を起こしたことは、その後の人生にとって大変良かったと自己評価しています。

プラン、即ち計画を考える意味は、多くの目的にとって、その達成のためには時間が必要だからです。

例えば、60歳で退職するとして、58歳になったときに次にどうするかを考えるのでは、できることの範囲がごく小さくなってしまう可能性が大きい。専門分野で独立してフリーランスになる、店を持つ、悪くない条件で転職する、社会活動に励む、など何か「やりたい！」と思うことを実現するためには、数年から十数年くらいの準備期間を要することが珍しくありません。自分がスキルや資格を身につける時間も必要ですし、顧客の獲得のために時間が必要なこともあります。

質問者は良いタイミングで問題意識をお持ちになりました。間に合いました。先ずは、この点に満足しましょう。しかし、時間に余裕があるわけではありません。真剣に考え始めて下さい。

誰にでも当てはまることですが、一つだけ厳しい現実を指摘しておきます。「やりたいことなど特にない。安定して暮らせるなら、それでいい」と自分に言い聞かせて、成り行きに任せようとすると、人生の条件が不利な方に動く「経済的重力」が働きます。政治を嘆いても仕方がありませんし、これは資本主義に特有の現象でもありません。経済とは、そういう仕組みで動いているものだと思って下さい。

さて、質問者は、45歳、未婚、高卒、非正規雇用勤務者、なのですね。先ず、この条件について考えます。

結婚は、どうしても子供を持ちたいと思う場合に日本では結婚した方が子育てにいいかもしれないという条件を考慮に入れる必要がありますが、そうでなければ、必要ないと思います。恋愛は大いにいいでしょう。本人が勝手にするものなのでしょうが、回答者は推奨します。しかし、結婚は合理的な仕組みだとは思えません。しなくていいと思います。

但し、どうしても結婚してみたいと思ったら、これから結婚しても構わないとは思います。人生でその程度の失敗は許容されます（たぶん）。

大学には行く必要がないと思います。質問者に根深い学歴コンプレックスがあれば別ですが、これから学費と時間のコスト（こちらの方が学費より大きい）を払っても、経済的には回収できない可能性が大きいからです。質問者が25歳なら条件が変わる可能性がありますが、45歳なので迷う必要がありません。

正規雇用の職に就くことは、条件が有利な場合には悪くありませんが、問題の解決に対する貢献は小さいでしょう。また、これから探して、好条件の正規雇用の就職先が見つかる可能性は大きくありません。


さて、質問者がプランを持つ必要があるのは、第一に60代以降にも続けられる仕事の場を持つことで、第二に親しい友人を複数人作ることでしょう。どちらも、時間を要する目的です。

質問者の将来の仕事は何がいいでしょうか。単なる夢だけでなく、具体的な目標を持つ時間は、もう無駄にはできませんが、まだ十分にあります。

飲食店やペンションのようなお店を持つ、資格を取って士業で独立する、新しい会社を起業する、など様々な選択肢があります。趣味を仕事に出来ないかを検討してもいいでしょう。また、新しい仕事は、部分的に副業で始めてみてもいいでしょう。

60歳を待たずにいつからでも新しい仕事に重心を移しやすい点では、非正規雇用がむしろ強みになるかもしれません。新しい仕事を軌道に乗せる際には、体力や時間を要する場合が少なくありません。

親しい友人を作るにも時間と積極的な努力が必要です。質問者は「今週末に遊びたい（出かける、食べる、飲む、など）のだけれども、付き合ってほしい」と声を掛けた時に応えてくれる友人を何人お持ちでしょうか。５人いると、毎週１人呼び出してひと月を過ごすローテーションが可能になります。

人数目標を持つ必要はありませんが、友人は、放っておいても自然にできるようなものではありません。これからの時間を有効に使う必要があります。幸い、その努力自体が楽しいプロセスのはずですし、自分も十分楽しみながら相手も楽しませるのではないと友人はできません。

回答者には、友人の作り方を体系的に語れるほどの人生経験や見識がありませんが、自分の愚痴を言わないことと、相手の話を興味を持ってよく聞くことが効果的だと申し上げておきます。

質問者の今後の人生が大いに楽しく張り合いのあるものであることを祈ります。

Q

今の仕事が楽しくないけれど、転職も厳しそう。資格を取るべき？興味のある分野を勉強すべき？

現在、中堅サラリーマンの女（独身30代後半）です。

安定を求めて事務職（正社員）を選んで今があるのですが、最近、このままたいして楽しくもない仕事を何十年も続けなくてはいけないのかと悩んでいます。

気になることはあるのですが、そちらに進むには0から勉強をし、いい年で経験0から就職活動をしなくてはいけなくなります（好きそうだけど、才能はなさそうだし、そもそも就職できなそうと感じている）。

また、現在、履歴書に書けるような資格を一つも持っておらず、実務経験もたいしたことがないので、このままの状態での転職も厳しそうだと不安を感じています。でも、今の仕事を定年までやりたくないし。

こんな状況からの質問は以下になります。
・生きていくために有用そうな資格（簿記とか）を取るべきか、実るか分からないけど興味がありそうな分野の勉強をすべきか？　先生ならどちらを取りますか？
（自分の能力的に両方を取るのは難しいと思います）
・仮に転職できても年収が下がりそうなので、サイドＦＩＲＥを達成しある程度の収入を別で確保できてから、年収が低くてもやりがいのある仕事に就くべきかとも考えているのですが、どう思われますか？　サイドＦＩＲＥするなら、何歳までにいくら金融資産を作ればいいとお考えでしょうか？

A　仕事が楽しくない状態が最大の問題。

仕事が楽しくないという状態が何よりもいけないなあ、と思いながらご質問を拝読しました。

面白くない仕事は、張り合いもないし、いざというときの頑張りが利きません。すると、他人に対して競争力を持てないので、取り替え可能な労働力として安く買い叩かれます。ますます、つまらなくなる。

はじめに「安定」だけを指向したことで始まった、職業人生のデフレスパイラルに嵌まっている状況でしょう。

資格取得を優先することに意味は無い

さて、解決方法を考えましょう。消去法で行きましょうか。

先ず、資格を取ることに意味はあるでしょうか。端的に言って、資格を持っていても顧客がいなければ食っていけないし、顧客がいるならば資格がなくても食っていくことができます。

今後年齢を重ねたときに、簿記やFP程度の資格が、再就職に有利に働くとは思えませんし、仮にそれで就職できても、面白い仕事に就くことができないなら、別のデフレスパイラルに乗り換えるだけのことです。

資格は、営業力があれば持つ意味があるかもしれませんが、それを持つことで自分が変わるかもしれないと思うのは勘違いです。士業の日常は、毎日自分を営業するような、言わば毎日就職活動をするような世界だと覚悟すべきでしょう。資格幻想を捨てましょう。

次に、サイドFIREとは、お金を貯めて、投資して、増やして、生活の足しになる収入を生む資産を形成しようという目論見でしょうか。それまで、「年収が低くてもやりがいのある仕事」に就けないとすると、人生の時間の無駄遣いでしょう。

回答者は、投資のアドバイスなどを生業にしているので、FIREを目指して投資する人が増えると好都合なのですが、生身の人間が、爪にFIRE（火）を灯すようにして、しみったれた生活をして、人生の時間を無駄にするのを見たくはありません。

この選択肢もなしです。

質問者に必要なのは、興味の持てる仕事に直ちに関われるように縁を作る積極性です。給料が安くても、弟子入りするつもりで興味のある分野の会社に転職する努力をするとか、その分野のスキルを持っている人を誘って副業としてビジネスを立ち上げるとか、いずれにしてもビジネス上の関わりを先ず持つことを考えるべきでしょう。「スキルを身につけてから雇ってもらう」のは、順序が逆です。多分、効率が悪くて話にならない。

経済の仕組みを考えると、安定だけを指向するリスクを取らない人が安く働くことで提供する価値を、リスクを取る人が巻き上げる仕組みが、強力な重力のように働いています。

何はともあれ、先ずは仕事が面白くなくては話になりません。

幸いにして、質問者は辞めても惜しくないくらいつまらない会社にお勤めなのですから、失敗しても「もったいない」ということはない。30代と若くて時間があるのですから、何とかなります。

他人とは異なる「リスクを取る側」に回る工夫を考えてみて下さい。

Q

定年までにやっておくとよいことは?

サラリーマンが60歳の定年をあと2年で迎えようとしています。定年後は雇用延長しないと仮定して、定年までにやっておくこと、やっておいたほうがよいことはありますか。

A

定年を仕事の引退(リタイア)と考えて、それまでにやっておいた方がいいことは、趣味と友達を作ることでしょう。

今後の「仕事」をどうするのかが、一般的に一番重要で備えの必要な問題でしょうが、既にご自身でお考えでしょうから、野暮な話は抜きにします。

定年を仕事の引退（リタイア）と考えて、それまでにやっておいた方がいいことは、趣味と友達を作ることでしょう。どちらも、時間に意味を持たせてくれます。現役時代から大いに必要で助けになるのですが、リタイア後には特に大事です。

そして、どちらもポートフォリオの銘柄数ほどではないとしても、複数持っていることが望ましいでしょう。


読者は、時間を忘れるくらい集中できる趣味をいくつお持ちでしょうか。また、急に声を掛けたとして1週間以内に会ってくれる友人を何人お持ちでしょうか。

趣味との付き合い方は人それぞれで、ある程度習熟して蘊蓄を語れるようにならないと趣味だと認めない人もいますし、「趣味は、覚えかけが一番楽しいのだ」と割り切る人生の達人もいますが、いずれにせよ自分が夢中で時間を使えるものが必要です。

趣味は、一つではいけないのか？　という疑問があるかもしれません。継続できれば一つでも構わないのですが、複数ある方が安心だと申し上げておきます。

具体例を挙げるのは少々気の毒にも思うのですが、私の両親の例を挙げます。

父（89歳で他界）は、商売人で小さな会社の経営者でしたが、絵、囲碁、俳句を趣味にしていました。加齢でゴルフが辛くなってからは、囲碁の道場に頻繁に出かけて碁敵との交流を楽しんでいました。ときには友達を作ることもできるので、趣味は多方面で役に立ちます。その後、最晩年に高齢者用の施設に入るようになってからは、小さなスケッチブックに簡単なスケッチを描いたり、手帳に俳句を書きつけたりして、本人なりに有意義に過ごしていたように見受けます。

一方、母（現87歳）は数年前まで活発で丈夫な人でゴルフが趣味でした。80歳代になってからも90を切るスコアで回ることがあったので、まあまあの腕前でした。ところが、数年前から足の不調に始まって体調を崩し、ゴルフと遠ざかって張り合いのある趣味を失ってしまいました。息子は「趣味にも分散投資が有効なのだな」と理解しました。

母は、小説を読むのが好きでもあったのですが、同時に視力が衰えて、今や本を読むのは辛いと言っています。分散投資が有効に働かなかった、不運な趣味投資だったようです。

息子である私は（目下65歳）、まだ引退していませんが、将棋、囲碁（共にアマ四段くらいです）、競馬（雑誌『優駿』にコラムを連載しています）が、趣味と言えるラインナップです。ウィスキー、ボクシング観戦などがこれらに続きますが、趣味だと言えるところまで熱中していません。目下の3つの趣味は、それぞれ友達作りにも役に立っています。

少し残念に思っているのは「自己表現系」の趣味を持っていないことです。音楽の趣味があると良かったのですが、楽器は若い頃に何もしていないのでイチから始めるのはいかにも大変そうです。歌は一時カラオケ好きだったのですが、昨年食道癌に罹って、お酒と共にお別れとなりました。

時間・お金・体力無しに友人を持つのは無理

父は半ば遺言のように「ハジメ、俳句をやるといいぞ」と言っていました。俳句は些《いささ》か制限が厳しいので、昨年、川柳をやってみようかと書籍を買い込んで調べてみたのですが、現代川柳の作家さんたちがあまりにも厳しく自己と向き合って創作に励んでいる様子を垣間見て、「やりたいことと、少しちがうなあ」と躊躇して、一歩踏み出すことができませんでした。

人にもよるのでしょうが、新しい趣味を作ることが、そう簡単でない場合もあるので、趣味について、「定年前から準備しておくといい」と申し上げる次第です。

さて、友達も新たに作るには時間の掛かる対象です。しかも、特にリタイア後には必要な存在でしょう。

サラリーマンの場合、勤め先の同僚とばかり付き合っていると、会社と縁が切れる定年後に、急に他人との行き来が乏しくなる可能性があるので注意が必要です。

筆者の場合、幸いなことに「飲みたいなあ」とでも声を掛けると付き合ってくれそうな友人が、自分の体力（癌になる前だったとしても）と財力を超えるくらいの人数で存在するので、ありがたいことだと思っています。

数的には仕事が縁で仲良くなった人が多いのですが、そういった人も含めて、過去に一緒に楽しくお酒を飲んだことで出来た財産だと理解しています。必ずしもお酒でなくてもいいと思いますが、時間とお金を（時に体力も）使わずに友人を持とうというのは無理な注文なので、「定年前から準備しておくといい」ことの一つとして強調しておきたいと思います。

Q

金融商品の営業の在り方は？

地方銀行で金融商品販売を担当している者です。山崎さんが日頃から仰る通り、対面営業から金融商品を買ってはいけないというのは当事者から見てもその通りだと思います。

一方で、金融機関もビジネスなので、収益を出していかないといけないという面もあると思います。対面での金融商品営業の今後の在り方について、山崎さんのお考えを伺いたいです。

A

コンサルティングと商品販売のアンバンドリングに対応する以外に道はないと思います。

質問者が正直に仰っておられるように、対面での金融商品営業は多くの場合顧客のためになっていない一方で、ビジネスとして収益を確保しなければならないという難しい問題があります。率直に言って、行き詰まっています。

行き詰まりを象徴する事例は、先般、金融庁が問題化するに至った、千葉銀行とその子会社が関わった仕組み債の不適切販売でしょう。千葉銀行は地方銀行協会の会長行であり、同行にしてここまで顧客を軽視したビジネスに注力せざるを得なかった点に、特に地方銀行以下の規模の地域・顧客密着型の金融機関の金融商品営業の窮状が表れています。

銀行の窓口で投資信託や生命保険を売る営業行為で、顧客から見て高い手数料を正当化しようとする売り手側の言い分は「お客様への丁寧なアドバイス、コンサルティング」でしょう。その内実がコンサルティングというよりもセールスであることを脇に置いて建前論を続けると、これは、コンサルティング商品のソフトダラー・ビジネスです。

ソフトダラー・ビジネスとは、運用会社が情報サービスや情報機器の使用代金などを、証券会社に支払う手数料を通じて支払う仕組みで行う証券会社側のビジネスを意味しますが、かつて隆盛を極めたこの手法は、顧客である機関投資側で非効率的なコストを発生させて、そのコストを最終顧客であるファンドのオーナーに転嫁するものとして批判され、現在、あるものは禁止され、あるものについては大幅に縮小されています。

機関投資家の運用の世界では、証券会社のサービスと売買手数料のアンバンドリング（≒分離）が求められ、進行しました。

質問者もお気づきのように、顧客から見て、銀行等の窓口の担当者から、「アドバイスをもらいたい」、「話し相手になってほしい」、「対面でないと不安なので購入に付き合ってほしい」といったニーズを満たすサービスに対して、金融商品の手数料を支払う実質的な取引形態は非常に経済効率が悪く、加えてその実態が不透明で見えにくい難点があります。

ビジネスの進化は、この構造を生き残らせるテクニックを磨くことよりも、顧客にとって有利な方向に向かう方が好ましいし、その方が変化の先にあるビジネスもより安定的でしょう。

1990年代に戻って投資信託などの「銀行窓販」(銀行窓口での販売)の解禁(行われたのは1998年、山一證券廃業の年でした)の意義は、顧客にとって投資信託へのアクセスを容易にすることだったと考えられます。この点で、窓販には一定の意義のある時期もあったと思われますが、今や投資信託はネット証券でノーロードで買えるし、投信よりも実質的な手数料率の高い生命保険や仕組み債券のようなものを銀行の窓口で売る社会的な意義はほとんどありません。

対面営業の金融機関は、コンサルティングは堂々と相談料を取って営み、金融商品の販売は行うとしてもローコストで顧客にとっても効率的なものに変化していくべきでしょう。

私なら転職します

次に問題になるのは、では、個人客へのコンサルティングをビジネスとしたときに地方銀行のような金融機関に優位性があるか否かでしょう。

法人向けの融資のような世界では、銀行が取引先の資金の流れを把握していることによる情報上の優位が（「まだ少々」というくらいのものかもしれませんが）存在しますが、個人向けの取引ではどうなのか。

例えば、私個人の資産や生活ぶりや好みなどについて、私が口座を持っている取引銀行（入社が三菱商事だった縁で三菱ＵＦＪ銀行です）は、私の情報を「ある程度」持っているはずですが、今や、税金の支払いや公共料金の支払いを把握していないし、もちろん商品の購買に関わる好みや、生活上の関心事も知りようがないはずです。

他方、楽天やアマゾンのようなネット通販業者や、グーグル、メタ（旧フェイスブック）のようなネットのプラットフォーマーは、どこまで情報を利用していいかはともかくとして、おそらくコンサルティングを行うに当たって、私の取引銀行よりも私に関して有用な情報を多く持っています。

銀行は、取引のある個人に関してある時期にあっては、他者よりも優位な情報を持っていましたが、今はその優位性を失いつつあるように思えます。

おそらく、その端緒は、窓口の混雑と手間の面倒を嫌って顧客の公共料金や税金の支払いをコンビニ等に渡したあたりに遡ることができると思います。

コストの掛かる小口個人向け取引を捨てても、法人取引や海外ビジネスに収益を求められるメガバンクは当面それでいいかもしれませんが、地方銀行や地域・顧客密着型の金融機関は自らに「個人向けのコンサルティングで自分たちに勝ち目はあるのか？」という問いを突きつけなければならないでしょう。

仮に、私が地方銀行の若い行員だったら、どうするでしょうか？

たぶん、転職するだろうと思います。

Q 自社株買いを許せるか？

企業の自社株買いについては、山崎元さんも折に触れておっしゃっておられたと思いますが、とりわけレポート「リスクプレミアムは『リスクを取りたくない人』が払ってくれている」の解説、この労働者タイプB（P111図参照）が会社の資本を食い物にしている現状、私個人もかねてより腹に据えかねていました。

折しも日本取引所がPBR1倍以上となるよう企業へ努力義務を課すこととなり、今後ますます自社株買いが横行するものと推察されます。不肖私一応は会計学を修めた者であり自己資本を食いつぶす（ドブに捨てる）自社株買いというものへは、合法とは承知しておりますが、反対の立場です。さらに申せば、株主総会では経営陣へのストックオプション付与へは常に反対票を投じております。これら一連の労働者タイプBによる搾取とも言える手法、道徳・倫理的に許容しがたいです。

本来、経営者は損益取引により企業価値を高めるのが王道であり、小手先の資本取引で株価・ROEを上昇させるような手法は邪道にしか見えません。これをご子息様や読者にお薦めになったのも残念でなりません。反論をお待ち申し上げております。

A

適度にリスクを取って、工夫しない人はカモられても仕方がない。

ご質問の「労働者タイプB」は、図の上部の資本を食い物にしている労働者ですね。典型的には近年の米国の強欲な経営者たちがイメージできますが、日本でも「IPOゴール」レベルのベンチャー経営者や、ストックオプションをたっぷり抱えた「CxO」たち（CEO、COO。CFO、CTOなど）が該当することがあります。

さて、そもそもこの図は、「株式のリスクプレミアムは、そもそもその源泉となっている企業の利益は、どこから発生して、誰が払っているのだろうか？」という問題意識から作成したものです。

ちょうど、『まんがで読破　資本論』（Gakken）という書籍の解説文を書いていた

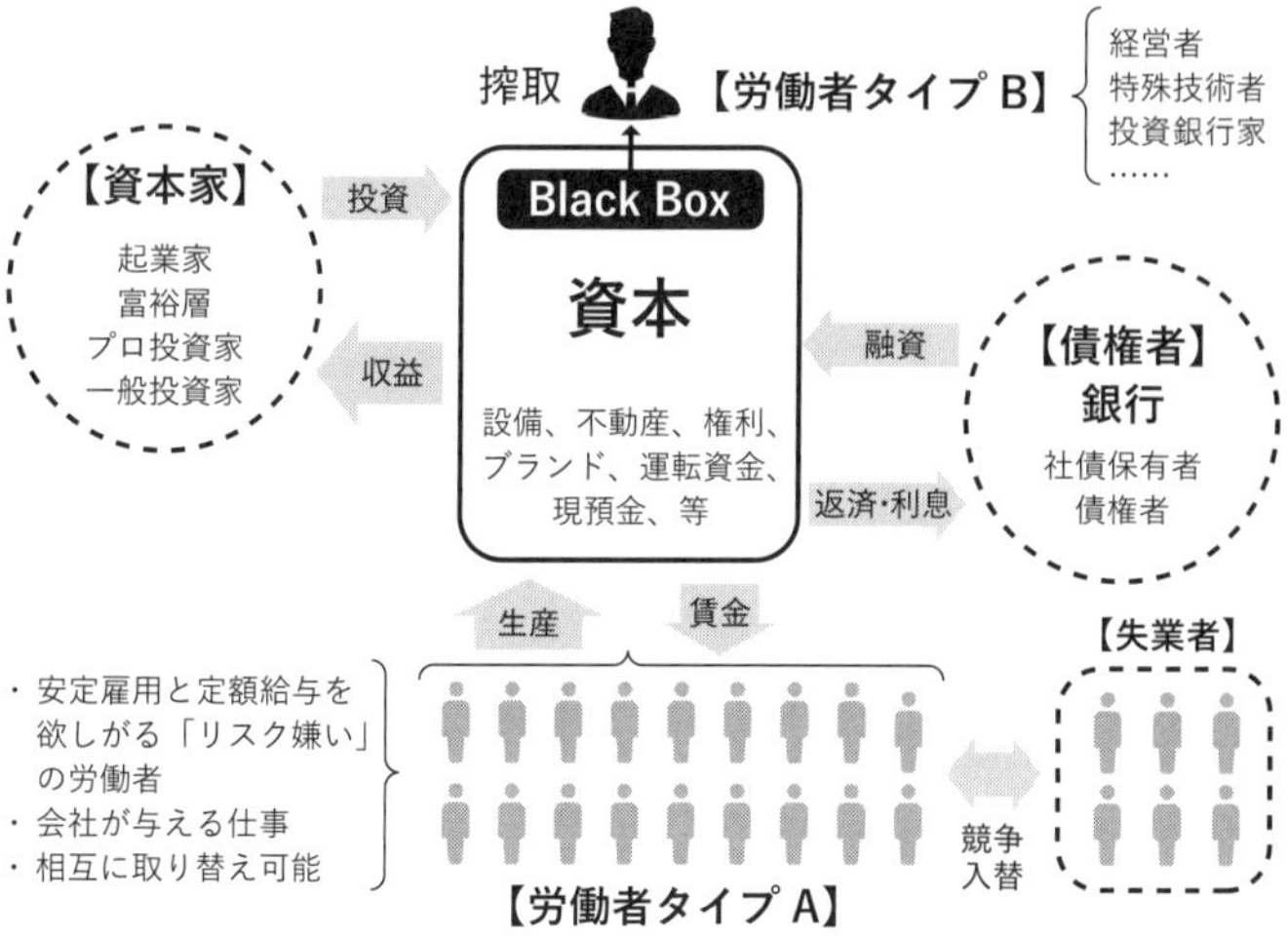

ので、遠くかのマルクスの『資本論』を参考にしています。

ここで「資本」は、ビジネスに使える会社の財産全般で、再投資されることもあれば、無駄遣いされることもあり、主に「資本家」がその処分を決めます。マルクスの解釈者の多くが間違えるように資本自体に意志があって常に成長を目指すような代物ではなくて、リスクに見合う良い再投資先がなければ、配当や自社株買いのような形で資本家の消費に消えますし、「債権者（≒銀行）」が強くて金利をごっそり持っていくような力関係になることもあり得ます。

この全体像の中で、圧倒的に大きな利益を資本に提供しているのは、「雇用が確保されていて、収入が安定しているなら、ありがたい！」と強く願うリスク回避的で、かつお互い同士がよく似ていて競争させられる「労働者タイプA」です。

視覚イメージ的には、就職して入社式に臨むリクルートスーツを着た新入社員の集団をイメージするといいでしょう。画一的に、会社の言いなりに働いているだけでは、彼らの将来は明るくありません。可哀相ですが、「工夫せずに、他人と同じ『取り替え可能な立場』にいる」のだから、不利で当然です。

彼らのような、リスク回避的な主体が安く働くことから利益が提供されて、これを企業がリスクを取って、資本の利益の形で掬い取って経済が回っています。

「リスクを取らない人が、リスクを取る人に利益を払う」

経済というものは、大まかには、そのようなもののようです。

「資本家」、「債権者」、「労働者（A、B共に）」いずれにあっても、大事なのは、①適切に「リスクを取る」こと、②他人と同じにならないように「工夫する」こと、の

2つです。

因みに、自社株買いは、配当と同様に、企業が資本の一部をお金の形で資本家に渡す行為です。自己資本をドブに捨てる行為ではなく、投資に使わない資本を資本家に返す行為だと考えるのが、多くの場合妥当な解釈ではないでしょうか。

もっとも、米国の強欲経営者のような「労働者タイプB」が、ストックオプションを自分に付与しながら借り入れを行ってでも自社株買いに及ぶようなケースは、資本家を利する（確かに短期的には利する）ように見せかけつつ、自分の報酬を増やすために行うダーティ・ワークです。

資本家も油断するとカモになる

さて、人は「資本家」、「債権者」、「労働者タイプA」、「労働者タイプB」のいずれをも目指すことができますし、複数のタイプを兼ねることもできます。こうした力関係の相関図にあって、どのプレーヤーも善くも悪くもありません。ここで強調したいのは、どの立場にあっても、適度にリスクを取って、工夫しない人は、カモられても仕方がないのだ、という善し悪しを超えた「経済の現実」です。

例えば、積立投資を始めたサラリーマンは、その中身として「労働者タイプA」が大半ですが、一部が（はじめはごく一部かもしれませんが）「資本家」になります。

あるいは、IPOに成功した起業家は「資本家」である一方で、同時に経営や技術をブラックボックスにしつつ将来に期待を抱かせて、株価を通じて多くの投資家・株主から価値を吸い上げる「労働者タイプB」でもある場合が少なくないでしょう。

一方、資本家、株主も例外ではありません。経営やファイナンス、技術などを、自分が分からないブラックボックスのままで放っておいて、株主としての利益だけはMAX取る権利があるはずだと思うのは無理な相談です。

株主は、それほどまでに偉い存在ではありません。ブラックボックスをつぶして、経営者を監視するなどの手間を惜しむと、「労働者タイプB」に吸い上げられる利益が増えていくのは、仕方がない現実です。

今や資本家も油断するとカモになるのだという事実は、是非マルクスに教えてあげたい。案外喜ぶかもしれないと想像します。

さて、こうしたゲーム盤を前にした場合、例えば自分の息子に対してなら、あるいは架空の話ですが自分が若いとしたら、どのようなポジションを選びたいと思うでしょうか。

結果的に圧倒的な多数は「労働者タイプA」になるのですが、100％そうはなりたくない。できれば「資本家」あるいは「労働者タイプB」の要素を増やした方が、有利でかつ面白いのではないでしょうか。

因みに、回答者・山崎元自身は、ビジネスマンとしてB級以下だったので、せいぜい「他人と少しちがう働き方の労働者タイプA」のようなビジネスマン人生を送ってきました。「資本家」でも「労働者タイプB」でもありませんでした。仮に、現代にあって人生をやり直す機会があれば、もう少し経済的に要領のいい位置に立ちたいものだと思います。

コラム

社員の給料は据え置きなのに社長の年収が上がるのはなぜか

大手企業にサラリーマンとして入社し、出世の階段を上り詰めて社長になった場合、経済的にはどの程度の条件を手にできるものなのか。大企業に就職して社長になることは極めて難しいが、「アップサイドでどのようなものか？」は就職選択上も気になる問題だ。

人事コンサルティング会社のマーサージャパンの2022年の調査によると、売上高1兆円以上の日本企業74社における社長報酬の中央値は約1億9000万円だという（「日本経済新聞」電子版、2023年2月20日）。ざっと2億円である。おおよそ、実感に（よく見聞きする数字に）近い調査結果だ。

ちなみに、同条件で最高経営責任者（CEO）の報酬を見ると、日本は1億6900万円で、米国の11億8100万円やドイツの7億2700万円には、まだかなりの差がある。

とはいえ、社長の報酬は一貫して上昇する傾向にあり、そこそこに急ピッチだ。大手上場企業で役員報酬が1億円を超える「1億円プレーヤー」が何人いるとニュースになったのが数年前だから、結構なペースだ。何よりも、一般社員の手取り所得が長年ほとんど横ばいの中で、社長周辺の幹部社員の報酬だけは上げてきたのだから、ある意味ですさまじい。「すさまじい」よりも「あさましい」と言いたい人もいるだろう。

社長の収入はまだまだ上がる

第2次安倍政権の後半には、政府が企業に対して賃上げを要請する事態が発生した。「官製春闘」などという言葉も生まれて、実際、政府の方が労働組合よりもよほど賃上げの役に立っていた。

一方、企業の経営者はもう一つ別の要求を受けていた。それは、コーポレートガバナンス改革という言葉と共にやって来たＲＯＥ（自己資本利益率）引き上げの要望だった。

両者を単純に比較すると、一般社員への賃上げそれ自体はコストアップで減益要因なので、ROEの引き下げ要因だ。経営者は、どちらも尊重するような顔をしつつ、どちらによりウェイトを掛けるかを決めなければならなかった。

アクセルとブレーキを同時に踏むような状況の勝者はROEの方だった。経営者にとって、自分の報酬増につながるのはROEの方だったからだ。

かつてであれば、社長は「社員の長」だったので、「社員の給料を上げて初めて自分の給料を上げるのだ」というくらいのポーズを見せる必要があったが、今や、社員よりも株主様が偉い。ROEを改善して、自分の報酬を上げる材料を補強することの方が自己利益のためなのだ。

そして、社長の給料アップの賛成要員となったのが徐々に増えつつあった社外取締役で、彼らに「同業他社の経営者の報酬水準は○○くらいなので、御社の社格からすると◎◎くらいでもおかしくない」と口添えする役割を人事コンサルタント会社が担う。社外取締役も人事コンサルタントも、よほどの例外を除くと社長の意を汲んだ選択がなされる。当然の帰結として、同業の「横並びを意識しつつ」も社長の報酬水準は上がってきた。

社長の報酬はいくらが適当なのかという問題は答えるのが難しいが、大企業社長の報酬の行方を占うことは簡単だ。まだ上がるだろう。

東京証券取引所が、プライム上場企業のPBR（株価純資産倍率）1倍割れの株価を問題視して、コーポレートガバナンス改革が道半ばだと理解されているのが現状だ。その状況下では、上記の賛成役の社外取締役が増えるような、いわゆるガバナンス改革を進めつつ、自社株買いなど、株価を自分で上げる手段を持ちながら、経営者にストックオプションを付与するようなお手盛りが可能だ。そのため、社長報酬の上昇にはまだ止まるべき目立った要因がない。むしろ追い風が吹いている。

「ROEが改善した」「株価も上がった」「同業他社と比べて報酬が高くない」「海外の経営者報酬はもっと高い」などの理由と共に、大企業社長の報酬は平均的にはまだ上がると予想していいのではないか。向こう5年、遅くとも10年の間には平均3億円のレベルに達するのではないか。

米国の経営者報酬は日本よりもかなり早くから高騰しており、この要因を巡っては、10年以上前から既にいくつもの理論的な検討がなされていた。

当初は、経営者にストックオプションを持たせるなど株主（依頼人＝プリンシパル）と経営者（代理人＝エージェント）の利害の方向をそろえることがエージェンシーコストの削減につながるとする、「エージェンシー理論」による説明が試みられた。ところが、それで説明できる以上に経営者報酬が高騰したのではないかという声が出て、説明力に疑問符が付けられた。

代替的な説明として登場した意見が2つある。経営者が自分の地位を使って自分に有利な報酬を取っているとする経営者の地位のレント（通常よりも高い収入）発掘ともいうべき「レント獲得説」、もう一つは有能な経営者は希少であり市場で取り合いが起こることで経営者報酬が高騰するという「市場競争説」だ（「F

SAリサーチ・レビュー」第7号、中村友哉「経営者報酬の高額化に関する研究動向」を参照した)。

社長を目指すのは本当に得か

日本の場合は、ほぼはっきりしているのではないか。まず、経営者の引き抜きを伴う競争市場のようなものは存在していない。彼らの能力が個別に数値で評価されているような形跡はない。経営者の報酬について語られる場合も、「立派な会社か?」「社格的に適当か?」は話題になるとしても、「あの経営者は特に有能だから、彼(彼女)を確保するためには、高い報酬で処遇すべきだ」という話は聞いたことがない。

一方、経営者は「ガバナンス改革」を背景に、かつてよりも株主を重視せざるを得なくなったが、それを制約条件として意識しつつ、自分へのストックオプション付与の理由に体よく利用している。

つまり、「エージェンシー理論の仮面をかぶりつつ、レント獲得が着々と行われている状態」がほぼ実態だろう。但し、日本の大企業のサラリーマン経営者の場合、横並びを強く意識するので、自分だけが突出したレント獲得に動くことはまれだ。大企業の組織は嫉妬の原理で強く縛られているので、経営者といえども用心深い。それでも、横並びで説明がつくなら報酬を上げることに抵抗はない。日本の社長もお金は大好きだ。

こうしたもろもろの事情を考え、大企業サラリーマンの出世競争の厳しさを考えると、経済的なインセンティブを主たる理由として、大企業のサラリーマン社長を目指すことはあまり割のいい目標ではなさそうだ。

今のところ、将来の上昇を見込んでも、社長の報酬は年間3億〜4億円といった数字だろうし、しかも、それはかなり高齢になってからの話だ。

経済的な野心のある有能な若者は、自らスタートアップを作るなり、初期のスタートアップに参加するなり、もう少し結果が早く出て、しかも当たった場合のアップサイドが大きな勝負に賭ける方が、割がいいのではないだろうか。株式を持ったオーナーとサラリーマンでは、同じ社長でも経済的な豊かさが1桁以上ちがう。経済の仕組みはそうなっている。これに適応するのが賢い。

大企業サラリーマンの出世競争を真剣に戦うことは、管理された競争が特別に好きだったり、安心だったりする人以外にはお勧めしにくい。競争が厳しいレッドオーシャンであるにもかかわらず、勝者が得る獲物はそう大きくない。

コラム

中途採用年収5000万円の罪

2023年10月、日本生命保険が高度人材を中途採用するに当たって「最大5000万円の年収」を提示するというニュースが流れた。このニュースを知った筆者の感想は「やめた方がいい」だ。その理由をお伝えしたい。

日本生命保険が、高度な専門性を持つ人材のキャリア採用を本格化させると報じられている。採用に当たっては、ITや海外事業のM&A（企業や事業の合併・買収）などの専門性を持つ人材に対して、能力などに応じて最大で5000万円ほどの年収を提示するとしている。

国内の企業が支払う年収として5000万円はまあまあ大きな金額だし、「堅い会社」のイメージがある日本生命の中途採用だという点に意外性があるが、筆者の第一感は「やめた方がいい」である。応募する候補者もやめた方がいいし、日本生命自身も考え直した方がいい。

今回のニュースで筆者がイメージしたのは、動物園が海外の動物園などから期限付きで借り受ける「珍獣」だ。例えば、客寄せの目玉になるパンダのレンタルである。

5000万円プレーヤーが着任すると、社内から見物人がやって来るだろう。生命保険会社の人間関係は濃い。誰がその人かくらいのことは社内ですぐに伝わる。

「5000万の人は、どの人？　ああ、彼（彼女）か。まあ、お手並み拝見やね」というような会話がなされるだろう。

こんな環境で働いてうまくいくはずがない。

5000万円では超一流は釣れない

率直に言って、この条件でエース人材は来ないだろう。来るのは、プレゼンが上手くて面接受けがいい、せいぜい「一流半」の人材だろう。

まず、海外M&Aに強い人材は、一流なら外資系の金融機関で総合的に年収5000万円以上の条件を十分見込めるはずだ。この年収が目当てで日本生命には来ない。

IT人材の場合、外資系金融ほど分かりやすい人材市場がないかもしれないが、超有能な技術者ならベンチャー企業がストックオプション付きで迎え入れるだろう。やはり、年収5000万円で超一流は釣れない。

また、率直に言って、日本生命に入ると競争相手や技術を盗む相手がいない。つまり、在職期間中にスキルが伸びることが期待できない。これからスキルをさらに磨いて、人材価値を上げようという人材は来ないはずだ。本人の意識として大体出来上がった人材、つまり最先端ではない人材なら興味を抱くかもしれない。

海外M&AでもITでも、「日本生命」の名前に少なくともキャリア上プラスになるブランド価値はない。会社が「ある」と思っているなら、大きな勘違いだ。採用された人材が数年後に辞めたときに刻印されるのは、「数年間(金に釣られて)

ゆるい職場に勤めたのだな」という、業界のコアでは評価されない履歴だ。

そして、例えば海外M&Aの人材で心配なのは、「お手並み拝見」をされている中で手柄を立てようと焦って、無理なディールを作りに行く可能性だ。無理なディールなのか、いいディールなのかは、日本生命の社員では判断できないからこそ彼（彼女）は5000万円プレーヤーなのだろうから、前者に傾く可能性は大いにある。M&Aの失敗は短期間では形に表れないので、しばらくごまかしが利く。


それでもエース人材にとって日本生命は魅力的な職場のはずだと人事部が言い張るなら、「中途で採った5000万円プレーヤーを、将来社長にする可能性はありますか？」と問うてみたい。

口では何とでも言えるが、本音は「ノー」だろう。だからこそ、他の社員もこの中途採用に納得する、という構造ではないか。経営につながる本流のラインから離れた専門職という位置づけなら、自分の競争相手ではないし、将来は自分の部下になるかもしれないのだから許せる。

餌代は高めでも、やはりレンタルパンダだ。

先ず目を向けるべきは社内人材

今回の中途採用では、20代から40代の人材を想定しているらしい。では、もう一つ人事部に問うてみたい。

「社内には今、年収5000万円払ってもいい若手・中堅社員はいないのですか？」

高い能力と専門性を有する人材に年収5000万円を支払う価値があるとしよう。今回の採用における当然の前提条件だ。そして、現在の日本生命に、それに該当する若手・中堅社員がいないとするなら、それ自体がスキャンダラスな事実ではないか。

例えば、生命保険会社にはアクチュアリー（保険数理人）要員として採用された数学ができる人材がいるはずだ。彼らの中に「たまに」ビジネスセンスを持っている社員がいてもおかしくない。順調に育っていれば、5000万円プレーヤーに十分互することのできる人材が既にいておかしくない。

中途採用者に年収5000万円を支払う以前に、優秀な社員に5000万円、あるいはそれ以上を支払うことから始めるべきではないだろうか。

元々会社にいる同年代の総合職社員の中にも5000万円プレーヤーがいるのなら、中途採用された5000万円プレーヤーも心穏やかに仕事に励むことができる。「珍獣」にならずに済むからだ。

総合職と区別された別の処遇コースを設けることは有害無益だ。総合職にもいろいろな仕事があり、社外の専門職と戦わなければならない職種もあるし、もちろん、社員の能力も上下に大きな幅があるはずだ。

そもそもの優先事項は、総合職の人事処遇制度を柔軟かつ合理的なものにすることであって、これを棚上げして別処遇による中途採用に走るのは、明確な誤りだ。経営者はまずこの点に気づくべきだ。現在の人事制度に触るのが怖いなら、そもそも経営者の器ではない。せっかく偉くなったのだから、好きにやってみるといいではないか。

日本生命は、社内の有能な若手社員に年収5000万円支払ってみたらいい。それがフェアだし、現代のビジネス環境に合っている。適応としては遅いくらいだ。社員に対しては、珍獣の中途採用よりもはるかに好ましい刺激になるはずだ。

海外M&Aよりも、ITよりも、喫緊に不足しているのは合理的な人事システムを構想できる人材なのではないだろうか。日本生命に限らず今の日本における金融機関の経営層は、今の人事システムで偉くなった人たちなので、現状の人事システムを過剰に神聖視する傾向がある。経営の最大のボトルネックは人事にある。

ここまで考えてみて不思議に思うのは、日本生命がなぜ今「年収5000万円の中途採用」という、金額が中途半端で、よく考えると会社の後進性が浮き彫りになるような、恥さらしな話をニュースにしたのかだ。

会社にとって真に重要なのは、海外M&AやITで有能な人材を早急に確保することだろう。だとすると、有能な人材は個別に必死に探すべきだし、真に有能な人材なら5000万円以上出してもいいだろう。本当に価値のある人材を見つけたら、年収1億円でも採るべきなのが経営的なニーズなのではないか。

そして、ことさらに年収に注目を集めた中途採用を行うことは、採用された人材が働きにくくなるだけなのだから、逆効果だ。

こんな採用を行うことを手柄のつもりでいるなら、人事部のポンコツぶりは致命的だ。まして、自慢げにニュースにして流すとは、愚かにもほどがある。

耐用年数が切れた人事システム

では、「年収5000万円の中途採用」という、恥さらしで逆効果なニュースを流したのが誰なのかが問題になる。

人事部は、本当に、これが魅力的な採用で、画期的な構想だと（勘違いして）思ったのだろうか。

あるいは「もっと偉い人」が、「当社（日本生命）の年収5000万円での中途採用は画期的だから、世間に流せ」と指示してしまって、誰も止めることができなかったのか。

社外の見物人である筆者は、広報部門の判断ミスのように思うのだが、どうなのか。年収の数字は興味を引くから、メディアは記事として取り上げてくれるだろう。しかし日本生命にとっては、つくづく恥さらしなニュースである。この際、広報の専門家も中途採用に加えるべきだろう。

日本生命に限らず、日本の金融機関の人事・処遇システムはすっかり耐用年数が切れている。土台が腐っているので、建て替え、建て増しではもう無理だ。

銀行と生保において特に顕著だが、日本の金融機関では自社へのプライドと忠誠心を養うのと同時に、そこで行われる人事を本社の中枢部に囲い込んで半ば神聖なものとして祭り上げてしまった。

そして、個々の社員は現在「人事の持ち点」を持った既得権者として層を成している。経営に影響を与えられるような上層部の社員ほど持ち点が大きいので、リセットには抵抗する。

この構造は金融機関同士の経営統合を難しくする。待てば自分が役員になれるかという点数を持つ経営企画の担当者は、経営統合によるリセットに抵抗する。

そして、それ以上に問題なのは、現在の人事システムが金融機関そのもののビジネス環境変化への適応を難しくしていることだ。

常識的な人材の獲得競争を考えてみよう。例えば20代の社員であっても、エース人材とポンコツ人材を同じ給与テーブルのさじ加減で処遇できると考えることが土台からして無理だ。旧世代の価値観の押しつけでもある。

競争上の問題だけでなく、個々の人材に対して失礼でもある。人事はもっと丁寧に行うべきものだ。若くても有能な人材に対しては、彼の能力と貢献を、上から「評価してやる」のではなく、敬い、尊重する謙虚な心が必要だ。

そして、処遇の問題を既存の人事システムとの関係からではなく、ビジネス環境への適応最適化の観点から考えるべきだ。

各社いずれも、現システムを温存しながら中途採用で様子を見るのではなく、総合職の処遇を個別化・柔軟化することから着手すべきだろう。

やがて、二流品をレンタルしなくても、社内で一流のパンダが育つにちがいない。

コラム

新入社員は2年後の転職を目指せ

新入社員諸君に、このことだけをアドバイスとしよう。目標や心得は、できるなら一つがいい。その目標は、「2年後に転職できる人になること」に集約できる。気を散らさず、油断せずに、励むといい。

通年採用など、新年度の4月にこだわらない採用形態も増えてはいるが、学校の卒業タイミングが3月なので、これからも4月入社は残るのだろう。

入社の時期は大きな問題ではない。職業キャリアが始まって時間がたち始めたこと、まだ若いとはいえ、あなたが刻々と歳を取っていること、このことが最大の問題だ。

さて、「転職できる人」とは、どのような人か。ありていに言うと、人材として他社に雇ってもらえる人のことだ。そして、この「他社」を自分で選ぶことができる立場の人ということだ。たまたま雇われてそこにいる以外に生活する手段がない人なのか、有利であったり、面白いと思ったりする職場を自分で選ぶことができる人なのか、職業人生にあってこの差は大きい。

「職場を選ぶことのできる人」が有利なのは昔からそうなのだが、現在、職業の盛衰がいわゆるホワイトカラーの職種に至るまで急速に動く気配を見せている。

話題の対話型ＡＩ（人工知能）「ChatGPT」が象徴的だが、知識を用いて解決策を探し、これを分かりやすく顧客に伝えるような仕事のいくつかが崩壊する可能性が小さくない。あなたがこれから蓄えようとしている知識とスキルは、２年後にはまだ立派な職業として成立しているかもしれないが、10年後には大いに怪しいかもしれない。

この見極めは、「今」行うよりも、「2年後」に行う方がやりやすい。そのときに「選べる立場」を持っているかどうかは、人生そのものの有利不利を分ける。

2年後というと、大学４年を卒業して就職したとして24、25歳だ。受験勉強に励んだ10代のころの吸収力は衰え始めているかもしれない。しかし、まだ新しいスキルに取り組む柔軟性は残っているだろう。ただし、その時点でチャンスを得られるかどうかが問題なのだ。

2年で何かしらの成果を上げよ

自分が、「転職できる人」であるかをチェックするには、自分の職務経歴書を作るのがいい。自分がどのような職業上の能力を持っているか、実際にどのような仕事をしてきたかについて記述した、職業人としての自分の説明書だ。「２年後の自分の職務経歴書が、他社にとって十分に魅力的であること」を目標に、仕事や研修に励むといい。

「２年」では大した仕事はできないと思うかもしれないが、それは自分を甘やかしすぎだ。たいていの仕事は、２年間集中的に努力すると、「素人とはちがう」という程度のレベルにはなる。

実際に就職２年後に転職活動をしたときに、採用担当者がまず見るのは履歴書の学歴の方かもしれないが、２年あれば何らかの仕事はできる。あるいは、仕事のスキル習得に向けた努力を具体的に説明できるようにはなる。履歴書段階の相対的な有利不利に対して、プラスの点数を積み増すことができる。学歴の不利なども、ある程度は回復・逆転できるチャンスがある。

一般的に、職業人の人材価値は、「能力＋実績」で評価される。付け加えるなら、これから働ける年数も関係するが、これは新入社員の時点ではまだ意識しなくていいだろう。肝心なのは、資格を持つなど能力の指標になるものの他に、実際に仕事に能力を使った説得的な事実だと心得よう。

当面の仕事の内容は、次にやりたい仕事につながるものなら理想的だが、そうでなくても構わない。そもそも会社では仕事を選べないだろうが、そこは、そう気にしなくていい。若い段階では、能力を実際の仕事に使ったプロセスで十分評価されるはずだ。

新入社員にとって、会社という新しい環境の利用価値は、おそらくあなたが思っているよりもかなり大きい。この点は過小評価せずに、会社を自分のために利用し尽くすことを心掛けよう。

目を向けるべき会社の利用価値

一般的に利用価値のあるものを5つ挙げておく。

①【仕事の経験】

会社の一員として、約束と締め切りを持って、お金をもらって責任を負って仕事をする。この経験が、会社の利用価値では最大のものだ。

働いて、稼いで、生活する。実際にこれができると実感することが、自信になる。この過程をこなすことができないと、次のステップに踏み出すには心許ない。仕事は「いつまでに、何をやる」という約束で出来ている。時間その他の約束を守ることができない人物は信用されない。信用されない人は、職場でも顧客にとっても無価値だ。

また、職業というものは、実際にやってみないとしばしばその本質が理解できない。実際に仕事をしてみると、例えば、一見素朴に見える仕事の中に深い人間同士の駆け引きが含まれていたり、逆に高度に見える仕事が単に顧客をだますチープな仕掛けであることが分かったりもする。

仕事と自分との相性を見極めることも大切だ。営業、研究などの仕事の内容が本当に自分に向くのかどうかは、やってみなければ分からないことがあるし、他人と組んで仕事をするのがいいのかも、実際に仕事をしてみなければ分からない。

営業にせよ、事務にせよ、研究にせよ、実際にやってみなければ仕事の実感をつかめない場合が多い。例えば営業の仕事を、会社の枠組みを使って社員として体験し、トレーニングできる機会の価値は大きい。

そして、実際に仕事をして報酬をもらって生活したという経験は、それだけで後の自信になる。ありがたいことではないか。

②【会社の仕組み】

新入社員は、会社のもろもろの仕組みを、非合理的でばかばかしく思うかもしれないが、あれをイチから作ろうとすると意外に大変だ。

次のキャリアが、起業になる人もいるだろうし、知り合いの起業に一枚かんだり、出来たてのベンチャー企業に転職したりすることもあるだろう。こうした際に、既に動いている既存の企業のやり方はそれなりに参考となる。

意思決定の流れ、権限と責任の割り振り、事務の流れ、社内の情報システムの仕組み、人事制度、報酬の決め方など、仮に自分が会社を作るとしたら必要なあれこれの仕組みの実例が、就職先には豊富にあるはずだ。模範になる場合もあれば、反面教師になる場合もあるだろうが、参考にしない手はない。

一つの会社の運営の仕組みについて具体例を通じて知っておくことは、次のステップが他社への転職であっても、起業であっても役に立つ。

自分の将来の栄養にするつもりで、会社の仕組みを学ぶといい。

③【ビジネスマナー】

習得には個人差も職種の差も大きいが、ビジネスマナーは、今後に仕事をしていく上でそれなりに重要だ。マナー上のミスで仕事のチャンスを失うようなことがあってはもったいない。

習得に2年も掛かるものではないと思われるが、就職してせっかく手に入れた会社員の立場を利用して、あいさつから書類の書き方、人の紹介の仕方・してもらい方など、ビジネスマナーは学んでおく価値がある。

特に、留学帰りでいきなり就職したような場合には、日本のビジネスマナーの常識が不足して苦労する場合があるので、意識的に身に付けるといい。

④【研修】

業務の研修や外国語の研修をはじめとして、会社が用意している研修制度には、意外に大きな利用価値のあるものが少なくない。中には間接部門が自分たちの仕事を作るために設けたような研修もあるかもしれないが、たいていの研修には汲み取ることが可能な何らかの価値がある。

フルに利用すると、先輩社員たちが言うよりは価値があることが多い。せっかく機会を与えてもらっているのだから、研修はフルに利用しよう。

⑤【人間関係】

会社で出会った人とのリアルな人間関係は、仕事上の関係も、それ以外の関係も含めて大いに糧にすべきだ。仕事は一人では成り立たないことがほとんどだ。各種の人間関係の型を早いうちに経験して学んでおくことの価値は高い。

各種の人物と、「どう仲良くしたらいいか」「どう使ったらいいか」「どう仕えたらいいのか」などについて、経験を通じて知っておこう。

会社で出会った人が個人的な友達になることもあるだろうし、将来のビジネスパートナーになる可能性も大いにある。対人関係を狭くするのは、少なくとも今後に働き稼いでいく上では大いに不利だ。

対人関係の重要性はもちろん社内に限らない。例えば、飲食などの機会は「社内の人と」「社外の人と」「一人ないしプライベート」がそれぞれ3分の1、というくらいのバランスを意識するといいと思う。

さて、前記のように最初の2年を過ごしたとして、その後はどうしたらいいのか。

「そのときに考えたらいい」が、最も誠実な答えだ。これ以外に正解はない。そしてそれは、入社3年後も、4年後も、職業キャリアが続く限りずっと続く。

予想の問題としては、かつての新入社員の3人に1人は入社した会社を去るだろうし、3分の2くらいがしばらく会社に残ることになるだろう。結婚にせよ、就職・転職にせよ、「間違えたくない人生の一大事だ」と思う選択は、3分の1くらいが失敗するものだ。3分の1は無視できる確率ではない。いわゆる「プランB」が必要である。

入社2年後に実際に転職を実行することが重要なのではない。転職できるような人材であることが重要なのだ。

映像的には動物の生態を描いたネイチャー番組をイメージするといいかもしれない。自分では餌を取ることができず、外敵にも弱い、ひな鳥、幼生、子供などの段階から、一個の個体として自己主張して餌を取ることができる巣立ちの段階に早くたどり着くことだ。

「職業生物」として大人になるのが遅れると、一生を不利に暮らす経路に嵌まり込む可能性すらある。もちろん、冒頭に述べたように、今日及び近未来にあって、職業を「選べる立場」に立てることのメリットはかつてないくらいに大きい。

第3章

『君たちはどう生きるか』という作品がありますが、本当にどうしましょう……

Q

歯に衣を着せぬ発言を行うべきか

ご自分の晩年を意識された活動をされているようにお見受けします。人生の生き方として、歯に衣を着せない発言は行うべきでしょうか？

A

必要ありません。

私の場合、晩年が予定よりも早くやって来てしまいました。癌に罹ったせいなので、これは仕方がありません。与件ですし、意識もしています。「何カ月単位」で物事を考えています。ただ、急な変化だったので、まだ十分「晩年慣れ」していません。

さて、一方、「歯に衣を着せない発言」は行うべきかというご質問の趣旨は何なのでしょうか。「山崎元は晩年を意識して、発言を先鋭化させているのではないか」と思われているなら、全力で訂正したいと思います。

ご質問にストレートに答えるなら、発言・発信に当たって「歯に衣を着せる」必要はありません。「衣を着せる」必要があるなら歯なんて要らないし、そもそも発言すべき中身を持っていないということなのでしょう。そのようなツマラナイ人間に私はなりたくありません。若い時代、中年時代、質問者の仰る晩年にあって、私は変わっていないつもりです。

但し、どのような発言ができるか、さらに何を発言すべきかについては、その時々の自分の覚悟も含めて総合的な「実力」が問われます。

一つエピソードを紹介しましょう。１９８０年代の終わりから１９９０年代のはじめにかけて、30歳代の前半の私は信託銀行でファンドマネージャーをしていました。当時の信託銀行には、顧客の口座間で大規模な利益の付け替えを行うという、とんでもない悪事が横行していました。

私も一サラリーマン・ファンドマネージャーとして、先物のトレーディング益を重要顧客のファンドに回し、損を合同運用のファンドに回すような悪事に手を染めたことがあります。ファンドマネージャーが泥棒をするようなひどい話です。もちろん、後悔しています。

しかし、さすがにこれはまずいと思い直しました。私は、匿名で原稿を書いたり、メディアに情報を流したり、最後には野党議員に国会で質問させたり、この問題を告発する側に回ることにしました。会社側は私が告発者であることを分かっていたと思います。しかし、下手に手を出すと実名で名乗り出られるかもしれないので手を出せなかったのでしょう。

一方、実名で名乗り出て告発することができなかったのは、家族を抱えていて、金融業界で干されたら食べて行けないと思った当時の私の実力不足によるものです。当時も今も、気は小さい。

告発は結果的には不発でした。金庫番たるべき信託銀行が大規模な泥棒的行為を行っていたというのでは問題が大きすぎるとの判断で、当時の大物政治家と大蔵省が握りつぶすことを決めたのだと後からジャーナリストの友人に聞きました。

自分のけじめとしては、その後に、自伝的な転職の本（文藝春秋刊『僕はこうやって11回転職に成功した』）を書いた際に、自分が確かに悪事を行ったことを客先の名前なども含めて具体的に書きましたし、告発の一部始終についても正直に書いています。

せっかくの機会なので、「俺は、死に際の今になって発言を先鋭化させるようなケチな人間ではないつもりだぞ」と声を大にして言っておきます。

因みに拙著が出てから2〜3年の間、その信託銀行では、株主総会の想定問答の中に、この問題が質問に出た場合の準備があったと又聞きしています。

単なる否定は精神的に貧しい

もう一点、言っておきたいのは、歯に衣を着せないと言っても、私の発言は、例えば金融の問題であれば、仲間である金融マンに対して共感を持ちながら聞かれているということです。

相談のついでに言っておくと、がん保険を売って手数料を稼ぐＦＰは心底バカであるか小汚い商売人のどちらかなので、職業人としてクズだと言うことに私は何の躊躇もありません。はっきりそう言うのが正しいと思っています。

そして、問題を正しく理解して悪い商売を止めてくれる人が増えるなら、きっと我々金融マンは、もっとマシな気分のいい世界でビジネスができるようになるのではないでしょうか。窓口で自分の良心を麻痺させながら、高齢者に手数料の高い投資信託や保険を売っているような銀行員に対しても同様です。銀行員の皆さん、ちがいますか？

私は、人が改心し、自己改善する可能性があることに期待していますし、自分を訂正できた人を快く受け入れる気持ちを持っています。金融問題への批判の根底には、自分の仲間である金融マンが、もっと気持ち良く働くことができるような状態を作りたいという願望があります。

決して、批判だけが言いたくてダメな相手をキャンセルしたいのではありません。単なる否定や論破は精神的に貧しい。

哲学者の東浩紀さんに『訂正する力』（朝日新書）という本があります。是非読んでみて下さい。

私は、自分も「訂正」する用意を持っていたいし、相手の「訂正可能性」にもいつも開かれた状態でありたいと思っています。

Q

強く意見を言いたい

いつもコラム拝読しています。いつも忌憚なく、忖度なくお話をされているように思いますが、どうすれば山崎さんのようになれますか？

知識？　メンタル？　持って生まれたもの？

私はなかなか自分の意見が強く言えません。

A

私は気が小さい人間なので……

今や、世間では、「忖度しない」も「メンタルが強い」も、結構な褒め言葉として流通しているように思います。ありがとうございます。しかし、回答者はそう立派な人ではないので、そんなに慌てて褒めていただくには及びません。

ご自分の意見が強く言えないと仰る質問者は、もしかすると金融業界の人なのだろうか、などと想像する次第です。回答者も経験がありますが、確かに、金融関係の会社に勤めていると、自分の立場を意識して言いたいことが言えない場合があるのは事実です。

この点については、直接の理由説明になっていないかもしれないのですが、読者に是非知っておいてほしいエピソードがあります。

今から、ざっと20年前、筆者が三和総研（後に→UFJ総研→三菱UFJリサーチ&コンサルティング）という会社に勤めていたときのことです。筆者は、知り合いの週刊誌記者から、ダイエーという会社について取材を受けたことがあります。そのときには、「ダイエーは経営破綻してもおかしくない」というコメントを、もちろん理由を挙げて述べたのでしたが、これが大変な騒ぎになりました。

ダイエーは、かつて強大な経営体力を持っていた頃に、特定の銀行の支配下に入りたくないとして、大手都市銀行4行と平等に付き合う、いわゆるメインバンクを持たない取引構造を持っていたのですが、これが、経営が弱体化した20年前になって大きな弱点になっていました。

この状態で、三和総研の研究員である筆者が、ダイエーにネガティブなコメントをしたので、4行のうちの三和銀行以外の銀行が慌てました。3行の経営企画部から、三和銀行の経営企画に対して、「お宅の系列シンクタンクの研究員が、ダイエーに対してネガティブなことを言っている。三和さんはダイエーに対する態度を変えるのですか」という問い合わせの電話が立て続けに入ったのです。

銀行員の経験のある読者なら、これがいかに大変な事態か想像できるだろうと思います。筆者は、早速、三和銀行から三和総研に出向している人事部長をはじめとする人々から叱責を受けることになりました。「一体、何を考えた発言なのか」「銀行に迷惑が掛かることが、あなたは想像できなかったのか」、等々、答えにくい質問が続いたのを覚えています。

因みに、コメント自体の客観的内容は、その後のダイエーに起きた事態を考えていただければ容易に理解できるように、経済・経営の常識として普通の内容でした。

筆者は困った立場に立たされて、クビになるのは嫌だなあ、と心配したのですが、このときの三和総研の社長のMさんが偉い人でした。当時から、シンクタンクは、研究のトップである理事長と、経営のトップである社長を分けておくのが一般的でしたが、Mさんは三和銀行から来た社長でした。

Mさんが、次のように言ったと、私は上司から聞きました。

「当社の研究員の発言は、研究員の専門性を背景に本人の責任で行われるものであって、親銀行の立場を考えて行うべきものではない。三和銀行には、俺が行って頭を下げて取りなしてくるから、本件の山崎については一切不問にせよ。当社は、そういう会社であるべきだ」

日頃、金融マン、特に銀行員に対しては、時に揶揄するような失礼なことを言いがちな私ですが、Mさんは、本当に立派だったし、ありがたかった。結局、物事は人次第なのだということが強く印象に残ったエピソードでした。

論理と計算が自信を裏付けた

さて、忖度やメンタルの話でした。筆者が、主に金融業界のことを忖度せずに、ものを言っているように見える大きな理由は、金融の、特に運用の問題が「前提条件を決めたら、答えが必ず一つに決まる」シンプルなものであることです。

「お金の問題は、人によって様々な正解があって、答えが一つには決まりません」などというのは、相談の相手によって話を変えて、商品をセールスすることからキックバック的な利益を得たがっている「腹黒ＦＰ」などの好む台詞ですが、これは間違いです。

例えば、同じインデックスに連動するインデックスファンドに手数料の高いものと安いものがあれば、前者は、相場がいいときには儲けが小さく、相場が悪いときには損失が大きい、という期待値の構造になっているので、手数料を比較してみただけで明確にダメです。

もう一歩進めて、比較に日本株のアクティブファンドまで含めるとして、①アクティブファンドの平均的なパフォーマンスはインデックスファンドに劣ることと、②相対的に優秀なアクティブファンドを「事前に」選ぶことはプロにも不可能であることの、２つの事実を論理的に組み合わせると、「運用管理手数料（信託報酬）が高い」という事実を確認しただけで、そのファンドでの収益は、手数料が安いインデックスファンドに期待値として劣るということが、論理的に分かります。

さらに、論理だけでなく、期待値を計算して、間違った意思決定のコストを「バカの値段」として指摘することさえ可能です。

これだけ論理と計算がはっきりしていると、自分に賛成者がいなくて、反対者ばかりが多数いても、自信を持って意見を言うことができるし、阿呆だと思う反対者は、むしろたくさんいてくれる方が張り合いがあるというものでしょう。

金融、運用、投資の問題には、このように結論がはっきりしている問題が多いのです。ファンドマネージャー、証券マン時代も含めて、私が、長年同じ問題について論理を積み重ねて考えてきた蓄積のおかげも少々あるかもしれませんが、選んだ専門分野が良かった、と言えるように思います。

ただ、我が国の場合は、官庁や金融のような業界では組織が閉じていて人事の影響が人生にとってあまりに大きいので、上司や先輩に意見の上でも逆らえない場合が多いかもしれません。

また、学者の世界も、師匠と弟子の結びつきが強く、加えて学界の人間関係が狭いが故に、「正しいと分かっている意見」でも主張しにくいことがあるでしょう。専門性を武器に生きていこうとすると、生きにくい社会なのかもしれません。

なお、私の「メンタルが強い」は、完全に誤解であり、買い被りです。仕事を複数に分けてリスク分散し、２０２３年３月までサラリーマンに片足を掛けていた臆病な働き方を見ていただくと、よく分かるのではないでしょうか。

質問者には、「実は気が小さい山崎さんよりも、ずっと強い人になってほしい」と希望します。

難しいことではありません。

Q　仕事に役立つ趣味はある？

趣味が副業になったり本業に転じたりすることがあると思うのですが、お勧めの趣味はありますか？

A　誰でも楽しめる、理想的な趣味が見つかりました！

私の趣味は、現在、将棋、囲碁、スポーツ観戦ではボクシング、芸術的な鑑賞では写真、というあたりでしょうか。何となくオヤジ臭い、華やかさに欠けるラインナップではあります。

ウィスキーがそろそろ趣味の域に入りそうだと思っていたら、食道癌に罹って挫折してしまいました。もう2～3年自由に飲めたら、本の一冊くらい書けたかもしれないと思うと些か残念なのですが仕方がありません。人生は思い通りには、いかないものです。

なお、評論的、実用的な文章を書くことは20代後半くらいから割合好きで、30代の頃は匿名の原稿を業界誌や経済誌に頻繁に書いていました。副業に近い位置づけでしたが、やがて本業になって、今、こうして文章を書いています。

将来の食い扶持につながったという意味では「いい趣味」でしたが、本業にするなら「もっと若い時分から名前を出して物を書いていたら、もっといい仕事ができたはずだ」という後悔がなくもありません。もっとも、そうしていたら金融ビジネスの面白さとの付き合いが減っていたかもしれないので、損得は何とも言えませんし、今考えても意味がありません（「サンクコスト」なので）。


さて、誰にでも勧められる趣味はあるのでしょうか？

ありました！「料理」を趣味にするといいと思います。

他人と競争しない趣味を持とう

料理ができることは、生活の役に立つし、自分だけでも楽しめる一方で、他人との関わりにもつながりやすい。加えて、自分の進歩の具合が、毎回の味で分かる点でも、趣味としての料理のポテンシャルは優れています。

洋食、和食、中華とジャンルは広いし、和食の中でも「寿司」とか「蕎麦」といった分野を絞ることができるし、キッチン（使える火が一口しかない、とか）や予算（1食1000円以内とか）など制限を課して工夫を楽しむこともできます。

もちろん、腕を上げてヤル気があれば、将来、お店を出すことにチャレンジすることもできるでしょう。また、そこまで極める気がなくとも、家庭内で食事の支度の分担ができると、別の家族に時間の自由ができるので、心がけ次第では早い時点から潜在的経済価値を生むことに貢献できます。

習いに行く、ネットで調べる、など取り組み方は人それぞれでしょうが、思うに、自分の趣味としての料理の腕を「他人と比べないこと」が肝心なのではないでしょうか。

趣味という意識はなく、主に洋食系の家庭料理レベルでですが、私は、自分の食べ物は不自由なく自分で作れるという程度に料理ができます。家族の分の食事を作ることも苦になりません。同年代の男性と比較すると、料理ができる方に属すると思います。

しかし、当然ながら、私よりも遥かに料理の上手い人がたくさんいる。ある男性の作家さんの手料理をご自宅でご馳走になったときに、「自分が料理を趣味にしていて、これを食べたら、気持ちが萎えるだろうなあ」と思ったのを覚えています。全く、プロ並みと言っていいレベルの品々が、完璧な順番とタイミングで出てきました。

趣味は、「自分の進歩が実感できるものを、他人と比べずに楽しむ」ことが極意なのではないでしょうか。

最後に、かつて一緒に働いた上司の話をご紹介します。彼は、定年時に、新しく始める趣味を2つ定めました。一つは、ダイビングで、一つは日本百名山の登山です。理由は、どちらも「他人と競争しないで楽しむことができるから」だといいます。

この話を聞いているときに、同席していた人物が、「私は、人に趣味と言えるほどのレベルに達しているものはない」と謙遜気味に話したところ、我が上司は「いやいや、趣味は人と比べて楽しむものではありません。それに、趣味で一番楽しいのは、初心者がその次のレベルに上がるところです。ここを楽しまないともったいない」と仰いました。

なるほど、その通りだ、と思ったことを覚えています。

振り返ると、将棋は、「棒銀」などの戦法の本を読んで友達と指していた頃が一番楽しかったような気がしますし、道場で「初段」を認めてもらったときには、大いに達成感がありました。

そう思うと、せっかく投資を楽しみ始めた投資家さんには、あれこれうるさいことを言わない方が親切なのかもしれません。ご質問が、本業の反省のきっかけになりました。

質問者が、新しい趣味を見つけて、大いに楽しまれることを祈念します。

Q　死生観について知りたい

山崎先生の死生観について知りたいです。山崎先生のお話は何かに忖度することもなく、合理的で頷《うなず》かされることばかりです。

そこであえて死んでからのことも含まれる死生観についてお聞きしたいです。死んだらどうなるかということは誰にも分からないので合理的に考えられない部分が出てきます。そこも含めたお考えを教えていただけたら幸いです。

Q　終活について考えていますか？

終活について考えられているか、特にもし介護が必要になるまで生きた場合に、お子様の世話になるつもりなのかはたまた別の仕組みを考えていらっしゃるのか。参考にさせていただきたくよろしくお願いします。

A その１ 根拠がない死後の話を信じるのはばかばかしい

死後の世界に関しては、大きな括りでは不可知論です。分からない。死後の世界や魂の世界があることを否定は出来ませんが、確たる根拠無しに他人が作った物語を信じるのはばかばかしいと思っています。

実感としては、生きている肉体がなければ「快」も「不快」もないので、当面理解可能な範囲で生きている時間を大切にしたいと思っています。死後に自分がどう感じるかという設定では物事を考えていません。ただ、想像しうる死後について現在の自分がどう感じるかについては意識と価値判断の範囲内です。

行動の選択肢やそもそも言葉のような考え・表現する手段の大半が「他人が作ったもの」ですが、それでも選択や場合によっては創造の「自由」はあると思っています。そして、自由を行使した結果を引き受けなければならないところに、緊張と張り合いがあります。

自分の死後に残るもの・残すものに関しては、自分に子供がいて、将来何をするのか分かりませんが自分の影響が残ることに関して、生物学的な満足感とでも言うべき精神的な満足感があります。子供を持たない人や、持ちたくても持てない人がいるので、申し訳ないような気もするのですが、正直な本音です。但し、子供に何かを託そうとは思っていません。元気に生きてくれれば、それでいい。

また、最初に本を書いた時に、「これで自分が生きた痕跡が残る」とも思いました。その時、少し満足したことを思い出します。初心に帰らなくては！

これから、という意味では、①正しくて、②できれば面白いことを、③なるべく多くの人に伝えられるような本でも追加で書けるとうれしいと思っています。

A
その2

介護が必要になったら施設に入れていいというのが大原則です。

私の両親と妹、および私というくらいの当事者の緩やかな合意ですが、現在の山崎家の大まかなルールをご紹介します。

介護の必要度合いについては、親について子供が判断して、必要だと思ったタイミングで適切な施設を選んで、施設に入れていい、というのが先ずは大原則です。

①親が子供の人生の制約になることを避けたい。

②一定レベル以上の介護はプロが行った方が効率がいい。

というこことの2点が主な理由です。

その後は、施設に入った親を、その配偶者や子供などの家族が、なるべく頻繁に、明るく訪ねるという関係になることが理想的です。

介護費用と最晩年の生活費については、決めがある訳ではありませんが、親自身が用意しておいて、子供はその予算に応じて親が入る施設や生活のレベルを決めるのが「一応の基本」です。

私個人は、大いに贅沢しようとは思っていませんが、将来、子供に負担をかけずに済む程度のお金を稼いで蓄えることと、子供に嫌われないい良い感じの老人になることが今後の課題だと思っています。

Q 人生のムダをいかに省くか？

私は現在56歳（既婚、子供なし）、昨年癌に罹患し摘出手術を受けました。幸い現状は安定しておりますが人生の最終章に突入したのだなと実感しております。

そこで残りの人生「ムダ」を省いていこうという考えに至りました。

私の考える「ムダ」とは

①投資にかける時間

↓銘柄をなるべく減らしオルカンに切り替え

②人間関係

↓少しでもストレスを感じる人（仕事）とは離れる（近づかない）

③承認欲求

↓ＳＮＳから撤退（自分時間の確保）

特に②、③の考えはもしかしたら決めつけているだけで寂しいことなのでしょうか？（ちなみに私はひとり時間も好きで、本当に気の許せる友人は数名です）先生の記事を拝読し、少し迷うところがあるのでお考えをお聞かせいただけたら幸いです。

A　今のお考えで自信を持ってムダを省きましょう。

病気が、必要なものとそうではないものの区別を見直すきっかけになるのは、よくあることのようです。

私も２０２２年に食道癌に罹って一連の治療を受けつつ考えることがありました。また、残念ながら翌年になって癌が再発したので、自分の「持ち時間」との関連で、一層真剣に考える必要性に直面しています。

先ず、３項目に関する私の意見を述べます。

投資に掛ける時間のムダは、多くの投資家に気づいてほしい点の一つです。人は、投資が自分の趣味や仕事なのかについてもっと意識的であるべきでしょう。この時間の節約を伝えることこそが、私にできる投資家への最大の貢献かもしれないとも思っています。

投資は、特に個別銘柄の株式投資について「いい趣味」であり得ると思いますが、投資が趣味でない人は、人生のもっと重要なことに関心を向けた方がいい。個人的には、特に他人が運用するアクティブファンドに関心を持つのはつまらないし、たいした価値のないマネーアドバイスに右往左往してちまちまとポートフォリオをいじるのも、人間としてかなりつまらないことだと思っています。他人の考えで投資して、何が面白いの？ と。

銘柄を減らしてオルカンに切り替えて、お金が必要になるときまでじっと、ほったらかしておく方針に全面的に賛成します。

ストレスを感じさせる人に近づかないことも、いいことではないでしょうか。病気で体力が落ちると、対人ストレスに対する耐性が低下するので、その分、誰とのどのような付き合いが自分のストレスになっているのかに、新たに気づくようになります。

この気づきは大切にした方がいい。

今から悲観する必要はありませんが、癌が再発して後から「持ち時間」が詰まってくるようなケースがあることを考えると、一通りの治療を終えて、ある程度の体力が残っている身体の状態は貴重です。

ストレスを減らしつつ、時間を有効に使うことを考えるといいと思います。


ＳＮＳ減らしも賛成です。

人によって関わり方は様々で、現在いい具合の人もいるはずですが、ＳＮＳは総じて登場初期ほど楽しい場所ではなくなっています。

Ｘ（旧ツイッター）は主張の連呼と揚げ足取りが横行する殺伐とした空間になりました。「こんなところで力んでも仕方がないのに」と思うのですが、気楽な暇つぶしができる場所ではなくなりました。

フェイスブックは、年寄りが同窓会で自慢話をしているような冴えない社交空間になりました。いい歳をした大人が、どこどこに行って、何のメシを頂きました、というような話をしているのを見ると、「こんな程度のことしか発信できない人間にはなりたくない」という情けない思いで、目を背けたくなります。

いずれも、連絡を取る用途にはまだ便利なのですが、そこに居て快適な空間ではなくなっています。


しかも、同年代くらいの知り合いのＳＮＳでの行動を見ると、「いいね」の刺激を求めてか、肥大化した自己承認欲求であちこちに投稿やコメントをしてさ迷う様子は、見苦しくて、痛々しい。反面教師にしたい行動です。

私は、それでも相対的にツイッターをマシだと考えて、連絡・告知用に使ってきましたが「Ｘ（旧ツイッター）」と書かなければならない昨今の状況は、不安定で今後が心許ない感じです。

直接会わなくても交流ができるＳＮＳの素晴らしさは認めつつも、精神の幸せのためには距離を取った方がいいと思うことが多い昨今です。

さて、質問者には「本当に気の許せる友人」が数名いらっしゃるという。これは、なんとも心強い、理想に近い状態ではないでしょうか。

これから友達作りの指南をしなくてもいい、という意味でも、素晴らしいご質問でした。

自信を持って「ムダ取り」を進められたらいいと思います。

コラム

ウィスキーを楽しむための5つのポイント

筆者が診断された食道癌は、基本的に禁酒を言い渡される病気であり、その通りにした。一方、ウィスキーは趣味だと言えるレベルにはならなかったが、筆者の長年の友達だった。

今さら自慢しても仕方がないのだが、その診断後に、筆者が、全国の酒友及び潜在的な酒友に向かって「お酒を飲むな」「ウィスキーを飲むな」と言ったことは一度もない。これは、声を大にして言っておきたい。

経緯の諸々については、「山崎さんの飲み方では、胃の中では水割りだけど、食道ではストレートですね」という友人の言葉から、事情を察してくれるとありがたい。

以下、ウィスキーについて、①正しい飲み方、②価格、③味の覚え方、④ボトラーズ物の味の楽しみ方、⑤ハイボールについて、思うところをお伝えする。

①正しい飲み方

ウィスキーに力を入れたバーでは、店主と客が、オンザロック（氷を入れたグラスに酒を注ぐ飲み方）でウィスキーを飲む客を密かにばかにしている。ウィスキーは香りを楽しむお酒なのに、温度を下げて香りを殺すからだ。

通常のテイスティングは、香りだけを楽しむ→口中に当たった感じの印象を楽しむ→口の中で味わう→飲み込んだ後の戻り香を楽しむ、と進むが、最後が問題だ。

リスクを取って、それでもストレートにするか、常温の水で1：2、ないし1：3、あるいはそれ以上に割るかどうかは、あなたの問題だ。

一般に欧米の常識では、完成品のお酒を薄めて飲むことは例外的だ。しかし、ウィスキーの場合は度数が高いし、特に日本人は高い度数に強くない。

この状況を前にしたときに「ロックで頼む！」というオーダーは、お酒は濃いし、香りは殺すしで、何もいいことがないのだから、「分かっていないなあ」と思われてしまうのだ。なお、ウィスキーをソーダ（炭酸水）で割ったハイボールについては、⑤で後述したい。

②価格

息子世代に向けたメッセージとして筆者は、「友人たちが飲んでいるものよりも1クラスいいものを飲め」と伝えている。

サントリーのラインナップで伝えるなら、友人たちが「角瓶」を飲んでいるなら、自分一人で飲むときには「白州」や「山崎」のノンエイジ（年数表記なし）を飲むイメージだ。

筆者個人の感想としては、ハイボールなら、ノンエイジははっきり「白州」の方が美味しいように思う。ただし、12年以上のもので比較すると、「山崎」の方が「白州」よりも明らかに出来が良いように思われる。早く偉くなって確認してみてほしい。

③味の覚え方

多くの方がご存じのように、ウィスキーは、いくつかの代表的な地域と蒸留所ごとのモルトの銘柄を覚えると、語ることができるようになる。

このモルトを覚える有効で正しい手順として、蒸留所自身が自分でボトリングした「オフィシャルボトル」の熟成年数を上げていく「縦飲み」をお勧めしたい。蒸留所からボトリング業者が樽を買いつける「ボトラーズ物」を飲むよりも圧倒的に数が多くて、品質が蒸留所の認める味にコントロールされていてバラツキが少なく、蒸留所ごとの個性をより正確に把握しやすい。

蒸留所単位で具体的な銘柄を挙げると、「ラフロイグ」「ラガヴーリン」「スプリングバンク」「マッカラン」「グレンファークラス」は有力候補だ。

オフィシャルボトルの縦飲みで蒸留所の個性を知っておくと、その後に銘柄単位の味を語る場合の判断基準や語彙に自信が持てるようになる。

この、オフィシャルボトルの縦飲みの方法は、赤坂にあった旧知のバーのバーマンに、「オフィシャルに帰れ！」の言葉と共に教えてもらったノウハウなので、この機会に是非お伝えしておきたい。

その後に、個性は豊かだが、品質にバラツキがある「ボトラーズ物」を評価し、表現するときに大いに役に立つはずだ。

④「ボトラーズ物」の味の楽しみ方

ボトラーズ物は、瓶詰め業者が蒸留所から樽を買いつけて、通常は数百本単位でボトリングしたものだ。同様な熟成年数のものは、オフィシャルボトルよりも価格が安い。オフィシャルボトルからの味のずれ方は様々のはずだ。

味に関しては、「外れ！」のものもあるし、「当たり！」もあって、バラツキが大きい。もちろん「当たり！」を探すのだが、ウィスキーに重点を置いたバーでは常連たちが「今度の〇〇（ボトラー）の、△△（モルトの銘柄）、××（熟成年数）物は、出来が良いから早く飲んでおいた方がいいよ……」などと話題になるはずだ。彼らも価格は安い方がいいし、「新しいもの」は話題としてちょうどいいからだ。

「今度のケイデンヘッドで、スプリングバンクの15年物は、年数以上のシェリー樽感があって、なかなかいい感じではないでしょうかね」などと話が進むイメージだ。

ぜひ会話に加わって、いい「お酒友達」を増やしてほしい。

⑤「ハイボール」は「別物」でいいのではないか

さて、ハイボールについて考えてみよう。

ハイボールは、テイスティングに関して一家言あるバーマンや常連客も、テイスティングとは「別枠」の、「カクテル」のような飲み物だと考えてくれていると思っていいのではないだろうか。

常温の水割りとは味がすっかり異なるし、何よりも現実のウィスキーマニアたちが、ハイボールを頻繁に注文しているからだ。現実問題として、長い夜の間には彼らも喉が渇く。そして、ビールで口直しをしたい半分弱くらいの人を除くと、ウィスキーの味が好きなので、ハイボールを注文して喉の渇きを癒やす。

ハイボールを注文することに不自然さはないはずだ。

筆者個人の感慨としては、かつて漫画仕立ての拙著『マンガでわかるシンプルで正しいお金の増やし方』（講談社）の結論部分に、キャラクターとしての「ヤマザキ先生」が、「人生は美味いハイボールを飲むためにある」と言っている場面があるので、この部分と何とか（ぎりぎり）矛盾しないウィスキーガイドになったことが幸いだ。


改めて確認するが、読者はお酒を飲んでも飲まなくてもいい。これは、ウィスキーについても同様だ。

ただし、個人的な思いとして筆者は、ウィスキーを楽しんでくれる人が増えることを願っている。

私は、ウィスキーに対して長年の付き合いに大いに感謝している。

コラム

人生相談の一般的な手続きと理論

些か大げさなタイトルだが、資産運用のつもりで話をしていたら、実質的には人生相談になっていた、というケースは少なくない。

米国のプライベートバンカーの間で流行っているとされている「ゴールベースド・アプローチ」は、これをひっくり返して人生相談で顧客に食い込んで、資産運用のビジネスの形で稼ごうとする人生相談型の「営業話法」に過ぎないと筆者は思っているが、どちらも真面目にやろうと思うと、中核部分に人生相談の経済的な原理を整理して一般化した方法論が必要だ。

私の場合はビジネス化されていないので、以下のような感じになることが多いだろうか。

相談者（以下、相）：「山崎さん、お金の問題でちょっと相談があるのですが、少しいいですか」

山崎（以下、山）：「どうぞ」

相：「私は35歳でＭＢＡを取って、キャリアを変えていきたいのですが、そのためには、どんな資産運用をしたらいいのでしょうか」

（以下、お金の相談が始まる）

相：「そうですか。山崎さんが運用方法で何を言いたいかは、だいたい分かっていました。やっぱり特別にいい方法はないのですね」

山：「申し訳ないけれども、そうです。そもそも35歳でＭＢＡを取るという計画の経済合理性が問題ですね。コストとベネフィットの徹底的な洗い出しが必要でしょう」

（お金の相談が、気づかぬうちに、人生相談になっている）

ここで、人生相談における一般的な方法論が必要になる。

先ず、具体的には、【サンクコスト（埋没費用）】の洗い出しと無視の徹底だ。

次に、【機会費用】を見落とさない意思決定に、手順化できる。


一般的な方法論の中核はこれだけだ。

理由は、これから変えられないことに力を入れても意味がないし、変えられる損得は見落とさない方がいいからだということに尽きる。現実的には、機会費用を見落とさないことが難しい場合が多いのだが、心理的にはサンクコストの無視が難しい場合もある。


【サンクコスト】

さて、サンクコストは、一般に「既に発生してしまって取り返すことのできない損失」として説明されることが多い。

しかし、この人生相談のフレームワークにあっては解釈を拡大して、将来発生することが今確定している損失や、もっと拡大してこれ以上稼ぐことができない利益まで含めて考えるべきなのかもしれない。つまり、実質的には「現状認識の確定」だと拡大解釈して考えることが適切であるように思われる。

【機会費用】

機会費用は「ベストの選択肢を選んだことによって選ぶことができなくなったセカンド・ベストの選択肢の利益」だと説明される。つまり、ベストの選択肢が選べなかった場合、セカンド・ベストの選択肢が繰り上がる可能性があると認識しておく必要がある。

相談者は、MBA取得のコストとして、MBAの学費と取得のために必要な日々の生活コストしか機会費用だと認識していない可能性がある。指摘しなければなるまい。

（さらに架空相談が進行する）
山：「ＭＢＡ取得のための機会費用として大きいのは、直接の学費よりも、その間に別のところで働いていたら得られた収入や昇給、キャリアが連続する人材評価上のメリット、それに仕事のスキルの改善など諸々の評価の改善です。こちらの方が大きい場合が多々あります」
相：「もっぱら学費と生活コストだけを心配していました」
山：「ところで、ＭＢＡってどこの学校ですか。海外？　国内？」
相：「狙うのは、なるべく評価の高い国内大学院ですね。海外ＭＢＡを目指すとしても、英語がネイティブ並みになることは考えられないし、英語での勉強は辛いし、十分身につくか自信がない。そちらの方がいいというイメージは湧きません。ＭＢＡを取得した後は先ず国内で就職先を探します」
山：「すると、前提条件がすっかり変わるかもしれませんね」
相：「どういう意味ですか」
山：「いや、国内ＭＢＡ就職市場での評価は期待するほど高くない可能性が大きい。下手をすると、職場のエース人材ではなくて、仕事に不満を持っていた人材なのかもしれないくらいの意地悪な評価を受ける可能性があります。あなたが人事評価者ならそう考える可能性がありませんか」

相：「それは十分あり得る話です」

山：「途中に転職があるとしてもキャリアの連続性への評価、スキルの向上などに対する影響を過小評価しない方がいいということではないでしょうか。つまり、35歳をスタート時点として区切る場合に、MBAの選択肢を選ばない方が得になっている可能性が大きいということです。これは、機会費用に関する前提条件がすっかり変わっていることを意味しますし、人生そのもののゴール変更になります」

相：「気がついたら、すっかり人生相談になっていましたね」

山：「それは、それで良かったのではないでしょうか。ベターな結果が得られたのですから喜んで下さい」

【人生相談の一般理論】

人生相談において純粋な意思決定としての合理性を追求すると、「サンクコスト」と「機会費用」を徹底的に洗い出して処理することが中核であり、これ以外に方法がないという点で、この方法が一般手順であり一般理論でもある。後は、これをどれだけ丁寧にできるかだ。

そして、この人生相談の対価をせいぜい相談に対するものとして考えるか、資産運用ビジネスの大きな額のフィーとして得ようとするかによって、ビジネスとしての姿勢には真逆な効果が表れる。

仮に、架空相談の後に、架空の感想を付け加えるなら、「相談の実質が人生相談になることが多いなあ」、「マネー相談自体は答えが簡単に出るなあ」、「前提自体がひっくり返ることが少なくないなあ」といった、感想を付け加えることになるだろう。

資産運用と人生相談にあっては、いずれも「サンクコスト」の洗い出し及び徹底的な無視と、「機会費用」を見落とさないことが重要になる。

あとがきに代えて

本書制作中の２０２４年１月１日、著者・山崎元さんが逝去されました。

２０２２年に癌の告知を受けてからも、精力的に活動を続けられ、本書の編集に当たっても亡くなる３日前まで叱咤激励のメールが届いておりました。

あらためて山崎元さんのご冥福をお祈り申し上げます。

ＰＨＰエディターズ・グループ
書籍編集部

〈著者略歴〉
山崎 元（やまざき　はじめ）
経済評論家。専門は資産運用。1958年北海道生まれ。東京大学経済学部卒業後三菱商事に入社。野村投信、住友信託、メリルリンチ証券、楽天証券など12回の転職経験を持つ。連載記事やテレビ出演多数。著書に『図解・最新　学校では教えてくれないお金の授業』（ＰＨＰエディターズ・グループ）、『新しい株式投資論』（ＰＨＰ新書）、『全面改訂 第３版　ほったらかし投資術』（共著／朝日新書）、『超改訂版　難しいことはわかりませんが、お金の増やし方を教えてください！』（共著／文響社）など。2024年逝去。

山崎元の最終講義
予想と希望を分割せよ

2024年３月５日　第１版第１刷発行
2024年３月25日　第１版第３刷発行

著　者　山　崎　元
発行者　岡　修　平
発行所　株式会社ＰＨＰエディターズ・グループ
〒135-0061　江東区豊洲5-6-52
☎03-6204-2931
https://www.peg.co.jp/
発売元　株式会社ＰＨＰ研究所
東京本部　〒135-8137　江東区豊洲5-6-52
普及部　☎03-3520-9630
京都本部　〒601-8411　京都市南区西九条北ノ内町11
PHP INTERFACE　https://www.php.co.jp/
印刷所
製本所　図書印刷株式会社

ISBN978-4-569-85650-6